Petite vie de John Henry Newman

Keith Beaumont
Prêtre de l'Oratoire

Petite vie de John Henry Newman

Nouvelle édition revue et augmentée

Desclée de Brouwer

10, rue Mercœur, 75011 Paris
ISBN : 978-2-220-06226-6

Avant-propos

Par la richesse, la diversité et la profondeur de sa pensée, John Henry Newman (1801-1890) est l'un des géants de la pensée chrétienne des temps modernes, en même temps que l'un des grands maîtres et guides spirituels.

Il a contribué puissamment au renouveau des deux Églises dans lesquelles il a vécu successivement, l'Église anglicane puis l'Église catholique romaine.

On doit à cet écrivain extraordinairement prolifique plus d'une quarantaine de livres, ainsi qu'une correspondance immense, dont la publication en trente-deux gros volumes vient de s'achever (il ne manque plus que l'index général). La diversité de cette œuvre n'est pas moins impressionnante : douze volumes de sermons, de nombreux ouvrages théologiques et historiques, plusieurs livres consacrés à une réflexion sur le monde universitaire, une autobiographie célèbre, deux romans, des œuvres poétiques, des journaux intimes, de nombreuses prières et méditations. Il compte parmi les grands écrivains de langue anglaise, et même parmi les grands écrivains satiriques (bien que, hélas, son ironie subtile échappe parfois à ses traducteurs !).

Newman refusa toujours, pour des raisons personnelles que nous aurons l'occasion d'examiner, le titre de « théologien ». Cependant, il est reconnu aujourd'hui comme le plus grand penseur religieux du XIXe siècle. Sa pensée se trouva souvent en avance sur les positions théologiques de l'Église catholique de son temps, et c'est surtout au XXe siècle qu'il finit par marquer profondément la pensée de cette Église. Jean Guitton l'appelait « le penseur invisible de Vatican II ». Le pape Paul VI souligna lui aussi à plusieurs reprises son importance ainsi que son influence sur ce concile. Jean-Paul II le cite dans ses encycliques. Et Benoît XVI a reconnu son influence sur lui et sur toute sa génération de théologiens dans deux domaines en particulier : celui de la « conscience » et celui de la conception du « développement ».

Mais Newman fut aussi de son vivant un guide spirituel pour des milliers de personnes. Loin de toute considération purement théorique, ce fut toujours à l'homme concret, particulier, qu'il s'intéressait. Il avait le souci du réalisme le plus authentique, et parfois le plus décapant, dans le domaine de la vie spirituelle. Non seulement son enseignement ici n'a rien perdu de son actualité, mais il reste encore à étudier en profondeur.

Écrire la vie de Newman, c'est nécessairement décrire aussi l'évolution de sa pensée. Il l'a fait lui-même dans son *Apologia pro vita sua*, dont plusieurs éditions portent le sous-titre « Histoire de mes opinions religieuses ». Or, cette histoire montre à la fois une extraordinaire complexité et une unité profonde. Son esprit se caractérise par une recherche constante de l'unité et de la cohérence, recherche qu'exprime bien une formule récurrente dans ses conférences consacrées à l'éducation universitaire, *L'Idée d'université*, où Newman parle de la nécessité de parvenir à une « vue connectée » de toutes choses. Nous tâcherons de faire ressortir, dans ce petit livre, cette unité et cette cohérence de sa pensée et de sa vie.

Le pape Jean-Paul II l'a déclaré vénérable en 1991. Il sera béatifié le 19 septembre 2010 par Benoît XVI, au cours de la visite de ce dernier au Royaume-Uni : ce sera le point culminant des quatre jours de sa visite. Il restera alors l'ultime étape de sa canonisation, préalable nécessaire à ce qu'il puisse être déclaré Docteur de l'Église, reconnaissance suprême que mériterait bien un homme qui, par sa stature intellectuelle et sa profondeur spirituelle, a souvent été comparé à saint Augustin.

Les matériaux pour une biographie de Newman sont extrêmement abondants, à tel point qu'il n'est pas facile d'en faire une synthèse. En dehors de son autobiographie intellectuelle, *Apologia pro vita sua*, il nous a laissé plusieurs journaux intimes et mémoires autobiographiques. Sa correspondance volumineuse fournit une mine de renseignements précieux (Newman aimait dire que « la vie d'un homme est dans ses lettres »), tout en permettant de le faire parler lui-même. Et presque tous ses livres sont, d'une manière ou d'une autre, des « œuvres de circonstance » liées à des événements particuliers de sa vie. Évoquer ces événements nous conduira donc à parler brièvement aussi de ses principales œuvres, pour lesquelles des indications bibliographiques sont fournies à la fin de ce livre.

Le pape Benoît XVI a prononcé d'ailleurs à son sujet ces paroles fortes :

> « Je crois que le signe caractéristique d'un grand maître dans l'Église est qu'il enseigne non seulement par ses idées et ses paroles, mais aussi par sa vie, car en lui pensée et vie se compénètrent et se déterminent mutuellement. Si cela est vrai, Newman fait partie en vérité des grands maîtres de l'Église car il touche notre cœur et illumine notre intelligence[1]. »

---

1. « Newman gehört zu den grossen Lehrern der Kirche », in *John Henry Newman, Lover of Truth. Academic Symposium and Celebration of the first Centenary of the Death of John Henry Newman*, Rome, Pontificia Universitas Urbaniana, 1991, p. 146.

Chronologie
John Henry Newman
(1801-1890)

1801 (21 février) : Naissance à Londres dans une famille de tradition anglicane.
1816 : Première « conversion » : « moi-même et mon Créateur ».
1817 : Entre comme étudiant à Trinity College, Université d'Oxford.
1822 : Élu *fellow* d'Oriel College, Oxford.
1824 (13 juin) : Ordination diaconale. Premier ministère dans une paroisse pauvre d'Oxford, *St Clement's*.
1825 (25 mai) : Ordination sacerdotale.
1826 : Nommé *tutor* à Oriel College.
1828 : Nommé curé de la paroisse de *St Mary the Virgin*, située au centre d'Oxford et de l'Université : il y prêchera ses *Sermons paroissiaux*, publiés en 8 volumes de 1834 à 1843. Se consacre à la lecture et à l'étude systématiques des Pères de l'Église.
1833 : Croisière en Méditerranée avec deux amis. Newman se rend seul en Sicile où il tombe gravement

malade et manque mourir; nouvelle expérience de « conversion ». Signal de départ du « Mouvement d'Oxford » (juillet). Premier des *Tracts pour le temps présent* (septembre). Publication de son premier livre, *Les Ariens du IVe siècle* (décembre).

1836-1838 : Conférences cherchant à poser les bases d'une théologie anglicane conçue comme une *« via media »* entre le protestantisme et le catholicisme.

1841 : Publication du dernier des *Tracts*, n° 90, qui provoque un tollé de protestation dans tout le pays.

1842-1845 : Années de « désert ». Newman mène une vie quasi monastique à Littlemore, près d'Oxford.

1845 : Newman est reçu dans l'Église catholique romaine (9 octobre). Publication de l'*Essai sur le développement* (décembre).

1846 : Newman part pour Rome (1er septembre). Études de théologie au Collège de la Propagande.

1847 : Ordination dans l'Église catholique (30 mai). Noviciat oratorien (juin-novembre).

1848 : Fondation près de Birmingham du premier Oratoire de saint Philippe Neri dans le monde anglophone. L'Oratoire s'installera définitivement à Edgbaston, faubourg de Birmingham, en 1852.

1849-1851 : Plusieurs séries de conférences pour expliquer et défendre le catholicisme.

1851 : Invité à devenir recteur de la future Université catholique d'Irlande.

1852 : Conférences à Dublin sur l'éducation universitaire, qui deviendront *L'Idée d'université*.

1859: L'article *De la consultation des fidèles en matière de doctrine* fait l'objet d'une délation à Rome.
1864: Publication de l'*Apologia pro vita sua* pour répondre à une attaque de Charles Kingsley.
1868: Début de la republication de l'ensemble de ses œuvres anglicanes.
1870: Publication de la *Grammaire de l'assentiment*.
1875: Publication de la *Lettre au Duc de Norfolk* pour répondre à une attaque de l'ancien Premier ministre, Gladstone.
1879: Newman est créé cardinal par le nouveau pape, Léon XIII.
1890 (11 août): Mort à l'Oratoire de Birmingham à l'âge de quatre-vingt-neuf ans. Hommages venant du pays tout entier, toutes confessions chrétiennes confondues.

1

Enfance et jeunesse

Le contexte familial

John Henry Newman naquit le 21 février 1801 à Londres, dans une famille alors aisée. Son père était banquier dans la *City*. Sa mère, Jemima Foudrinier, descendait d'une famille huguenote réfugiée en Angleterre après la révocation de l'édit de Nantes. John était l'aîné de six enfants (trois garçons et trois filles). Ses premières années se passèrent dans une ambiance heureuse, entre Londres et la maison de campagne familiale située à Ham, à l'ouest de Londres, près de la Tamise.

À l'âge de sept ans, il fut envoyé par sa famille comme pensionnaire dans une école privée de bonne renommée, à Ealing, où il allait faire toute sa scolarité, ayant résisté (telle était déjà la force de sa volonté) au désir de son père de l'envoyer à la prestigieuse *public school* de Winchester. Le directeur d'Ealing, le Dr Nicholas, aimait dire qu'« aucun garçon n'était monté aussi rapidement que John Newman à travers les classes, de la plus basse à la plus haute ». Il y révéla aussi de nombreux talents précoces : à l'âge de onze ans il composa ses premiers écrits, en prose et en vers, tout en créant et rédigeant, seul, deux revues concurrentes, *L'Espion* et *Le Contre-Espion*. Faut-il y voir une première manifestation de sa capacité étonnante de comprendre simultanément deux points de vue opposés ?

Cette période heureuse de sa vie prit fin brusquement en mars 1816, lorsque la banque de son père dut fermer ses portes, emportée dans la crise financière qui suivit la fin des guerres napoléoniennes. L'ancien banquier trouva un nouveau métier comme gérant d'une brasserie ; mais il ne réussit guère dans ce métier, et la famille allait connaître des difficultés financières croissantes et une série de déménagements vers des logements toujours moins prestigieux. Plus tard, à Oxford, ce serait John lui-même qui paierait les études de son frère Francis et qui, après la mort de son père en 1824, prendrait en charge sa mère et ses sœurs jusqu'au mariage de ces dernières.

Le contexte religieux

Sur le plan religieux, la famille Newman appartenait à l'Église anglicane, qui était, depuis la rupture d'Henri VIII avec Rome en 1534, l'Église « établie », c'est-à-dire intégrée à l'État et sous la dépendance de celui-ci. Cette appartenance chez les Newman était sincère, mais elle était fondée pour une bonne part sur un simple respect de l'ordre établi, et comportait une piété plutôt formelle. Si l'on assistait régulièrement au culte dominical, c'était surtout pour entendre le sermon du pasteur. Ce fut d'ailleurs dans la prédication – une prédication largement sinon exclusivement moralisatrice – que consistait l'essentiel de la vie de cette Église. Toute réflexion doctrinale était soigneusement évitée, afin de préserver un consensus flou en matière doctrinale (c'était le sens du terme *Broad Church*). La Cène n'était célébrée à l'époque que quatre fois par an, et la communion était plutôt rare en dehors de certaines occasions festives (telles que les fêtes annuelles des divers *Colleges* que Newman allait connaître à Oxford). Ce dernier ne ferait d'ailleurs sa première communion qu'à l'âge de seize ans, pendant son premier trimestre à Oxford. En dehors des milieux *Evangelical*, enfin, toute forme de « ferveur » religieuse était proscrite. Lorsque John montrerait un peu plus tard des signes de l'influence de ces milieux, son père le mettrait en garde contre les dangers d'une « sensibilité morbide », l'assurant que « la religion, devenue excessive, mène à un affaiblissement du caractère ». Et lorsque John et son frère Francis firent part à leur mère en 1821 de leur intention de communier tous les quinze jours, elle accusa son fils aîné de « frôler le fanatisme (*enthusiasm*) ».

En revanche, la Bible était partout vénérée et lue, dans la traduction dite « du roi Jacques » (*King James Bible*) ou « Version autorisée ». Véritable chef-d'œuvre littéraire, cette Bible, avec le *Book of Common Prayer* (ou *Prayer Book*) et l'œuvre de Shakespeare, allait profondément marquer la langue, la littérature et la pensée anglaises pendant trois siècles et demi – phénomène culturel sans équivalent en France. Newman dirait plus tard que la « religion nationale de l'Angleterre » était en effet cette « religion de la Bible », constituée « non de rites ou de credo, mais principalement de la lecture de la Bible à l'église, en famille et en privé ». Dès son plus jeune âge, sous l'influence surtout de sa grand-mère maternelle et de sa tante Élisabeth, John en devint un lecteur assidu. Nous le trouvons plus tard, en 1822, consacrant une heure par jour au début de chaque matinée à cette lecture, et apprenant des passages et même des livres entiers de la Bible par cœur. Celle-ci sera, avec un peu plus tard le *Book of Common Prayer* et les Pères de l'Église, l'un des trois piliers de sa foi chrétienne.

L'expérience de conversion de 1816

En raison de la crise provoquée par la fermeture de la banque de son père, le garçon, qui devait quitter

Ealing School au début de l'été 1816, fut obligé d'y rester jusqu'en décembre – y compris donc pendant les vacances d'été, qu'il passa seul en compagnie d'un *clergyman*, Walter Mayers, professeur d'humanités à l'école. Ces quelques mois constituèrent un tournant dans son évolution religieuse et dans sa vie.

Avant l'âge de quinze ans, nous dit-il, il n'avait pas de « convictions religieuses bien établies ». L'année précédente, à l'âge de quatorze ans, il s'était complu dans la lecture d'auteurs hostiles au christianisme comme Thomas Paine et Voltaire. À cette époque, il voulait bien être « vertueux, mais pas religieux ». Il y avait « dans cette dernière idée » quelque chose qu'il n'aimait pas. Et il ne voyait pas non plus « ce que pouvait signifier "aimer Dieu" ». Mais maintenant « la main de Dieu descendit lourdement » sur lui, et le « terrifia ». Il tomba malade, frappé par l'une des « trois grandes maladies » de sa vie (dont chacune sera associée à une expérience de « conversion »). « Terrible », cette maladie fit de lui « un chrétien – avec des expériences avant et après, effroyables (*awful*), connues de Dieu seul ». Soixante-dix ans plus tard, il avouera sa difficulté à se reconnaître dans le garçon qu'il avait été jusque-là, tellement le changement était profond : il lui semblera y voir « une autre personne ».

Le sens de ces formules n'est pas toujours clair. Mais Newman lui-même qualifia cette expérience de 1816 de « conversion », le mot étant à comprendre ici dans son sens traditionnel et étymologique, c'est-à-dire l'acte de se détourner de soi-même pour se tourner vers Dieu. Il en parle dans une page célèbre de l'*Apologia*, mais en des termes voilés qui en cachent le contenu véritable tout autant qu'ils le révèlent :

> « Quand j'eus quinze ans (en automne 1816), un grand changement se fit dans mes pensées. Je subis les influences d'un credo défini, mon esprit ressentit l'empreinte du dogme, et cette empreinte, grâce à Dieu, ne s'est jamais effacée ou obscurcie. [...]
> Je [...] crus que la conversion intérieure dont j'étais conscient (à présent encore, j'en suis plus certain que d'avoir des pieds et des mains) continuerait dans la vie future, et que j'étais prédestiné à la gloire éternelle. Je n'ai pas conscience que cette croyance m'ait porté le moins du monde à négliger de plaire à Dieu. Je l'ai conservée jusqu'à mes vingt et un ans, époque à partir de laquelle elle s'effaça graduellement ; mais je crois qu'elle influa sur mes convictions dans le sens même où me dirigeait mon imagination quand j'étais enfant, ainsi que je l'ai déjà dit : elle m'isola des objets qui m'entouraient, elle me confirma dans la défiance que j'avais touchant la réalité des phénomènes matériels ;

> et elle concentra toute ma pensée sur les deux êtres – et les deux êtres seulement – dont l'évidence était absolue et lumineuse : moi-même et mon Créateur. »

Ce passage a donné lieu à une foule de commentaires où se mêlent le meilleur et le pire. On a dit parfois les pires inepties notamment au sujet de la formule « moi-même et mon Créateur », comme si Newman prône ici une forme moderne du quiétisme, où l'homme s'enfermerait seul dans un « cocon » avec « son » Dieu. Il s'agit là d'une méprise totale.

En même temps, une certaine apologétique catholique, à force d'insister sur la « conversion » de Newman en 1845 lorsqu'il quitta l'Église anglicane pour l'Église catholique romaine, a gommé l'importance de cette expérience de 1816, qui contient au contraire en germe le fondement de tout ce qui suivra. On ne peut pas comprendre Newman en effet sans saisir toute l'importance de cette expérience et la continuité qui existe entre elle et la suite de sa vie.

Que s'est-il donc passé ? Il faut noter tout particulièrement dans ce passage quatre choses.

Tout d'abord, la structure même du texte traduit une *prise de conscience* : le garçon de quinze ans devient conscient d'abord de lui-même, en tant qu'*être conscient*. À première vue, son expérience possède ici quelque ressemblance avec celle de Descartes, exprimée dans sa célèbre formule : *Je pense, donc je suis*. Mais la comparaison s'arrête là : car au plus profond de cette conscience de soi, le jeune homme découvre la mystérieuse présence d'un *Autre* que lui-même. Newman rejoint ici une longue ligne d'auteurs chrétiens tout au long des siècles, depuis saint Paul déclarant dans l'Épître aux Galates (2,20) : « Je vis, mais ce n'est pas moi, c'est le Christ qui vit en moi », ou saint Augustin, affirmant que « Dieu est plus intérieur à moi que je ne le suis à moi-même[1] », jusqu'à Madeleine Delbrêl disant, par la bouche de son personnage Alcide : « Si tu vas au bout du monde, tu trouves des traces de Dieu ; si tu vas au fond de toi, tu trouves Dieu lui-même[2]. »

Or, cette conscience de la Présence de Dieu en lui semble avoir été une expérience fréquente, sinon récurrente, chez Newman. Ainsi, à la veille de son ordination comme prêtre dans l'Église catholique en 1847, faisant son examen de conscience et se reprochant toutes ses fautes passées, il pourra malgré tout dire qu'il n'a jamais perdu son « sens intime de la présence divine en tout lieu ». Il prêtera à Charles Reding, héros de son premier roman, *Perte et gain*, publié en 1848, cette « caractéristique peut-être par-dessus tout le reste » de posséder « un sens habituel de la Présence divine ». Il fera dire à l'héroïne éponyme de son deuxième roman, *Callista*, publié en 1856 : « Ce

1. *Confessions*, III, 6.
2. Madeleine DELBRÊL, *Alcide. Guide simple pour simples chrétiens*, Seuil, 1968, p. 60.

Dieu, je le sens dans mon cœur. J'ai le sentiment d'être en sa présence. [...] C'est l'écho d'une personne qui me parle. Rien ne pourra me convaincre que cette voix ne provient pas en dernier lieu de quelqu'un d'autre que moi. Elle porte avec elle la preuve de son origine divine. » Et en 1864, passant en revue l'évolution de sa pensée depuis 1845, il déclarera que « l'existence de Dieu » est pour lui « aussi certaine » que son « existence propre », et que « sans cette voix qui parlait si clairement » dans sa « conscience » et dans son « cœur », il serait « devenu athée, panthéiste ou polythéiste après avoir contemplé le monde ».

Notons ensuite que l'expérience faite par l'adolescent est celle de l'*absolu* de Dieu. Il découvre Dieu comme *la* Réalité absolue, avec laquelle tout homme entretient, ou peut entretenir, une relation privilégiée. D'autres écrits viennent renforcer le témoignage du texte de l'*Apologia*. Par exemple, dans un sermon de 1833 le prédicateur affirme, en des termes très proches de ceux de ce récit, qu'au fur et à mesure que notre sensibilité religieuse s'affine et s'approfondit, nous comprenons peu à peu « qu'il n'existe que deux êtres dans tout l'univers, notre âme et le Dieu qui l'a faite ». Et dans un autre passage de l'*Apologia*, il déclare que l'« âme individuelle » se trouve, en dernier recours, « face à face » avec Dieu, *solus cum solo*.

En troisième lieu, l'expression « mon Créateur », loin d'exprimer la moindre volonté de mainmise sur

Dieu, exprime au contraire la reconnaissance chez Newman de sa *dépendance* à l'égard de ce dernier. Il se reconnaît être *créature* de Dieu, et exprime implicitement le désir de se laisser « *créer* » – ou recréer – par Lui, le désir de « se recevoir » de Lui. L'expérience de 1816 conduira ainsi à terme au développement d'une spiritualité de l'« abandon » entre les mains de Dieu.

Enfin, un quatrième élément clé de ce passage se trouve dans l'affirmation de Newman que son esprit « ressentit l'empreinte du dogme », « empreinte » qui, « grâce à Dieu », ne s'est « jamais effacée ou obscurcie ». Tout au long de sa vie il sera un défenseur acharné de ce qu'il appelle le « dogme ». Il affirmera que « la religion ne peut être autre que dogmatique ». Il déclarera en 1864 que « depuis l'âge de quinze ans » le dogme a été le « principe fondamental » de sa religion, qu'il ne connaît « pas d'autre religion », qu'il ne peut « en imaginer aucune autre » et que « la religion comprise comme un simple sentiment » est pour lui « un rêve et une dérision ».

Que signifient de tels propos ? Nous risquons de mal les comprendre aujourd'hui, tant le mot « dogme » a pris, pour la plupart de nos contemporains, un sens négatif[3]. Si Dieu était d'abord, pour lui,

3. Dans le langage de la théologie, les « dogmes » sont les formulations, longuement réfléchies par des théologiens et définies par le Magistère grâce aux conciles unis au pape, des vérités essentielles concernant le Mystère révélé.

le « sujet » d'une rencontre ou d'une expérience personnelles, Newman était en même temps pleinement conscient des dangers qui surgissent quand on limite l'expérience chrétienne *simplement* à cette expé-rencontre personnelle. La recherche de l'« expérience » pour elle-même est toujours dangereuse car elle risque de conduire à une pure subjectivité. Si Newman reconnaît le caractère inadéquat de toute formulation dogmatique, il insiste tout autant sur le fait que de telles formulations sont indispensables car le dogme permet une « objectivation » de l'expérience. Il permet aussi de reconnaître l'existence d'un *corps* – celui de l'Église – qui nous enseigne certaines vérités qui structurent notre existence, et finalement le caractère de l'Église comme réalité *sacramentelle*.

Tout au long de son œuvre, en effet, Newman cherche à articuler la nécessité de deux « mouvements »: un premier mouvement qui nous fait « descendre » en nous-mêmes à la recherche de Dieu, puis un deuxième qui nous conduit à « regarder au-dehors » et « au-delà » de nous-mêmes, voire même de nous laisser « projeter hors de nous-mêmes ».

Au lieu, donc, de prôner ici une pure subjectivité, Newman nous donne les moyens d'éviter un tel danger, en nous rappelant implicitement que notre manière de *penser* Dieu détermine notre manière d'entrer en *relation* avec lui – ou, le cas échéant, notre incapacité ou notre refus de le faire. Quelles que soient ses limites, le « dogme » est indispensable, car il détermine la nature de notre *vie spirituelle*, et sa raison d'être même est de se mettre au service de celle-ci.

L'influence de l'*Evangelicalism* sur la pensée du jeune Newman

Pendant les dix années environ qui suivirent sa conversion de 1816, Newman subit profondément l'influence du courant du protestantisme connu sous le nom d'*Evangelicalism*[4]. Ses racines lointaines remontaient aux Puritains du XVIIe siècle et au piétisme allemand, mais l'origine plus immédiate se trouvait dans le mouvement de « réveil » (*revival*) dont le principal acteur était John Wesley (1703-1791). Ce pasteur anglican (qui avait prêché à un moment donné dans la chaire de St Mary's à Oxford dont Newman allait devenir le curé !) avait été rejeté par l'*Establishment*, et ses partisans, auxquels on donna le surnom méprisant de *Méthodistes*, s'étaient constitués, après la mort du fondateur, en Église indépendante. Mais l'influence de Wesley avait fini par pénétrer au sein de l'Église établie, et au cours des premières décennies du XIXe siècle la pensée et

4. Nous gardons les termes anglais *evangelical* et *Evangelicalism*, car il existe des différences sensibles entre cette forme particulière du protestantisme à l'époque de Newman, profondément marquée par la pensée de John Wesley, et celle, courante aux XXe et XXIe siècles, connue en français sous le nom d'« évangélique », et d'origine américaine principalement.

la sensibilité *evangelical* exerçaient une influence grandissante sur une partie de cette Église.

Les principaux éléments de la spiritualité de Wesley étaient la recherche de la sainteté, l'insistance sur la nécessité absolue d'une « conversion » personnelle, la primauté absolue de la Bible, et l'existence d'une Église « invisible » de loin supérieure à l'Église « visible » ou institutionnelle. Il s'ensuivait une relative indifférence aux rites et aux sacrements, à l'exception surprenante toutefois – nous y reviendrons – de la communion eucharistique. À ces doctrines vinrent s'ajouter, dans l'esprit du jeune Newman, d'autres, d'origine plus spécifiquement calviniste, en particulier celles de la « prédestination » et de la « persévérance finale ». Les prophéties bibliques, notamment celles de l'*Apocalypse*, y tenaient aussi une grande place.

À Ealing School, pendant l'été de 1816 et au cours des mois suivants, Newman subit l'influence de Walter Mayers, qu'il qualifia d'« excellent homme », de qui il reçut « de profondes empreintes (*impressions*) religieuses, de caractère calviniste, qui furent pour lui[5] le commencement d'une vie nouvelle[6] ». Plus importante encore que l'influence

5. Dans ses journaux intimes, Newman parle toujours de lui-même à la troisième personne.
6. Le mot anglais *impression* ne possède pas tout à fait le même sens que son équivalent français ; il est proche du verbe *to impress*, « laisser une empreinte ».

directe de Mayers fut celle des lectures qu'il proposa au jeune homme. Un auteur, nous dit-il, « marqua plus profondément » son esprit à cette époque qu'aucun autre, au point où, « humainement parlant », il lui devait « presque son âme ». Il s'agit de Thomas Scott, dont il lut avec passion l'autobiographie, *La Force de la vérité*, qui retraçait l'évolution de la pensée religieuse de son auteur depuis son adhésion à l'unitarisme (doctrine répandue en Angleterre au XVIIIe siècle, qui rejetait le dogme de la Trinité) jusqu'à son adhésion à la foi trinitaire. Ce fut Scott qui, le premier, « fixa profondément » dans son esprit « cette vérité fondamentale de la religion » que constituait la Trinité. Parmi les qualités qu'il admirait chez Scott se détachaient son « indépendance d'esprit », sa poursuite inlassable de la vérité sans souci des conséquences, et le fait (très révélateur de Newman lui-même) que Scott fût « essentiellement anglais ». Deux formules, qu'il utilisait « presque comme des maximes », exprimaient déjà deux *leitmotive* de sa propre pensée : « la sainteté plutôt que la paix » et « la croissance est l'unique preuve de la vie ».

On trouve aussi chez le jeune Newman une autre forme, plus subtile, de l'influence de l'*Evangelicalism*. Puisque ses adeptes considéraient qu'une forte conviction intérieure et le vif sentiment d'être l'objet privilégié de l'amour de Dieu constituaient pour le croyant une « preuve » de son salut, ils prenaient l'habitude d'observer anxieusement leurs propres sentiments. Les plus fervents tenaient un journal dans lequel ils notaient leurs progrès spirituels et leurs défaillances. Il est probable que cette mentalité encouragea chez le jeune homme une tendance innée à l'introspection. Elle est peut-être aussi à l'origine de sa propre habitude de tenir alors un journal.

Cependant, si Newman subissait alors l'influence des *idées* de ses maîtres *evangelical*, il s'en démarquait nettement sur le plan de la *sensibilité*. Il se sentait en décalage, tout particulièrement, par rapport à la conception *evangelical* de la « conversion », qui revêtait la forme d'un événement dramatique et unique comportant un profond bouleversement affectif. Lui-même, au contraire, « n'avait pas été converti » de « la façon que cet enseignement décrivait comme impérative »: il n'avait pas connu les étapes successives « de la conviction du péché, de la terreur, du désespoir, de l'annonce d'un salut gratuit et total, de la saisie par le Christ, du sens du pardon, de l'assurance du salut, de la joie et de la paix, et ainsi de suite jusqu'à la persévérance finale ». La différence était telle qu'après la publication de l'*Apologia* en 1864 et à d'autres moments de sa vie, Newman reçut de nombreuses lettres d'auteurs inconnus, « l'assurant qu'il ne savait pas ce que signifiait la conversion » et que, « s'il voulait être sauvé », ce changement « avait encore à s'effectuer en lui ».

Plus tard, il allait se dégager progressivement de l'emprise que la plupart de ces doctrines exerçaient sur son esprit. Mais il tiendrait toujours à reconnaître les bienfaits, à la fois personnels et collectifs, que l'*Evangelicalism* avait apportés, à lui-même comme à d'autres. Dans un mémoire autobiographique de 1876, il affirme que cet enseignement a été « une grande bénédiction pour l'Angleterre », car il a « apporté à des milliers de cœurs les vérités principales et vitales de la Révélation, et à lui-même parmi ceux-là. Les vérités divines sur Notre-Seigneur, Sa Personne, Son ministère, Sa grâce, la régénération en Lui de notre nature, le devoir suprême de vivre, non pas seulement moralement, mais dans Sa foi, Sa crainte et Son amour, avec l'étude de l'Écriture dans laquelle nous trouvons ces trésors ». Cet ensemble « l'a abrité et protégé dans ses années les plus exposées, a été son réconfort et son abri quand il était solitaire, et l'a conduit à des habitudes de dévotion jusqu'à ce que soit venue l'heure où il a dû se consacrer au saint ministère ».

Premiers contacts avec les Pères de l'Église, anticatholicisme virulent et célibat

Trois autres développements de cette période méritent d'être soulignés. Le premier est la découverte des Pères de l'Église. Newman lut l'*Histoire de l'Église du Christ* de l'historien protestant Joseph Milner. Il devait plus tard juger sévèrement celui-ci en tant qu'historien; mais dans l'immédiat il fut « subjugué par les longs extraits de saint Augustin, de saint Ambroise et des autres Pères » qu'il y trouva, et où il vit l'expression de la « religion des premiers chrétiens ».

D'autres lectures, notamment le livre de l'évêque anglican Thomas Newton sur les « prophéties » bibliques, transformèrent en une haine féroce de l'Église de Rome l'anticatholicisme spontané que ressentait alors tout anglican ou tout protestant, les origines duquel se trouvaient dans les conflits politico-religieux sanglants du XVIe siècle dont le souvenir était encore à l'époque soigneusement entretenu. La lecture de Newton le persuada « que le pape était l'Antéchrist prédit par Daniel, saint Paul et saint Jean »: son imagination, nous dit-il, « resta souillée par l'empreinte de cette doctrine jusqu'en 1843 ».

Enfin, une « impression profonde » s'empara de lui au cours de l'automne 1816: il devait garder le célibat pour obéir à « la volonté de Dieu ». Ce « pressentiment » était lié dans son esprit à l'idée que sa « vocation exigeait le sacrifice impliqué par le célibat, comme l'exigerait par exemple un travail missionnaire chez les païens », apostolat vers lequel il se sentit « vivement attiré pendant des années ». Ce choix du célibat, de la part d'un *clergyman* de l'Église établie, était une idée totalement étrangère à la culture anglicane de l'époque.

Oriel College, Oxford, avec à l'arrière-plan l'église de St Mary's.

2

Universitaire et prédicateur

L'étudiant

Élève brillant et précoce, Newman, qui n'avait pas encore seize ans, fut inscrit en décembre 1816 par son père à Trinity College, à l'université d'Oxford. Ce ne fut cependant qu'au mois de juin de l'année suivante qu'un logement d'étudiant devint disponible à Trinity et que le jeune homme – qui n'avait toujours que seize ans – put s'y installer, au moment où les autres étudiants partaient en vacances !

C'était un étudiant sérieux, sobre (il refusait de participer aux soirées régulières où le principal objet des étudiants était de s'enivrer), doué d'une capacité de travail prodigieuse. Ses intérêts personnels allaient bien au-delà du cursus obligatoire : il suivit des cours de géologie (car cette science, nouvelle à l'époque, le passionnait), ainsi que de minéralogie et de chimie, il étudia la composition musicale (c'était un excellent violoniste), et il consacra du temps à la logique et à la physique. Excellent latiniste et helléniste – lui et son ami John Bowden s'imposèrent comme règle de s'entretenir ensemble en latin –, il se mit un peu plus tard à l'étude de l'hébreu afin de lire l'Ancien Testament dans le texte original. Le système universitaire reposant largement sur les lectures faites par l'étudiant, Newman lisait, pour se préparer à ses examens, pendant douze heures par jour en moyenne et parfois jusqu'à quinze[1].

Il se fit vite remarquer, pour ses qualités intellectuelles et son indépendance d'esprit, par son *tutor* à Trinity College, M. Short, qui lui proposa de passer le concours des bourses. Il en gagna effectivement une, qui lui permit de recevoir pendant neuf ans la somme (alors considérable) de 60 livres par an. Cette aide fut précieuse pour sa famille, dont la situation financière devenait de plus en plus précaire. Mais le surmenage intellectuel et une crise d'anxiété liée peut-être à son jeune âge – il n'avait alors que dix-neuf ans, entre deux et trois ans de moins que l'âge normal – conduisirent à un demi-échec aux examens pour le grade de licence ès Lettres. Il obtint son grade, mais sans mention.

---

1. Préparer un diplôme se dit traditionnellement, d'ailleurs, aux universités d'Oxford et de Cambridge, *to read for a degree*, littéralement « lire en vue (de l'obtention) d'un diplôme ».

Le *fellow* d'Oriel College

Son père, en l'envoyant à Oxford, le destinait au barreau, et Newman lui-même envisagea quelque temps cette carrière. Mais en 1821, il prit la décision d'entrer dans les ordres, décision à laquelle son père finit par acquiescer. Malgré son échec relatif aux examens, il retourna à Oxford, où il tenta sa chance en vue d'un *fellowship* à Oriel College, alors réputé être le plus brillant de tous les collèges de l'Université. Malgré sa jeunesse, les examinateurs furent tellement impressionnés par ses qualités intellectuelles et surtout par son originalité d'esprit que, le 12 avril 1822, à l'âge de vingt et un ans, il fut élu *fellow* ou membre agrégé d'Oriel College. Il considérait toujours cette date comme « le tournant de son existence, et entre tous les jours de sa vie le plus mémorable ». Oxford et son université constituaient désormais plus que jamais le centre de sa vie. Il allait y passer presque le tiers de celle-ci, au total vingt-huit ans.

Fondée au XIIIe siècle peu après celle de Paris, l'université d'Oxford était la plus ancienne et, avec celle de Cambridge, la plus prestigieuse des universités anglaises. Les deux universités faisaient l'une et l'autre partie de l'*Establishment* anglican, et c'est là que furent formés la plupart des membres du clergé. La plupart des *fellows* se destinaient à une carrière ecclésiastique – deux parmi ceux d'Oriel College furent nommés évêques dans les années qui suivirent l'élection de Newman. Plus important encore, jusqu'en 1854 tout jeune homme souhaitant étudier à Oxford devait obligatoirement souscrire aux *Trente-neuf articles*, profession de foi officielle de l'Église d'Angleterre depuis 1563. L'accès aux études supérieures et, à plus forte raison, au poste d'enseignant était donc fermé à tous ceux qui ne professaient pas, au moins formellement, la foi anglicane. Ce fait allait être lourd de conséquences pour Newman dans les années à venir.

Le véritable centre de la vie de l'université se trouvait dans ses collèges, chacun constituant une sorte de corporation autonome gouvernée par ses *fellows* ; et le centre de vie de chaque collège était, pour ces derniers, la *common room* (« salle commune »), qui servait à la fois de réfectoire, de salon, de salle de lecture et de fumoir. Celle d'Oriel College était à l'époque un véritable laboratoire d'idées ; Newman y fréquenta presque quotidiennement quelques-uns des maîtres à penser de toute l'Angleterre.

Parmi les *fellows* d'Oriel, plusieurs le marquèrent profondément. Il éprouva une sorte de crainte révérencielle devant John Keble, homme d'une spiritualité profonde, dont les poèmes, publiés dans *The Christian Year* en 1827, exercèrent une grande influence dans tout le pays ; Keble allait devenir l'un de ses plus proches collaborateurs au sein du

Mouvement d'Oxford. Il se lia vite d'amitié avec d'autres jeunes *fellows*. Edward Pusey, qui allait devenir chanoine de Christ Church, professeur d'hébreu à l'université et le collaborateur le plus érudit du Mouvement, fut élu en 1823, un an après Newman. En 1826 ce fut le tour de Richard Hurrell Froude, disciple de Keble, qui devint son ami le plus proche et qui influença profondément sa pensée dans un sens antiprotestant, lui faisant mieux comprendre et apprécier les richesses liturgiques et spirituelles de la tradition catholique.

Au cours de ses premières années à Oriel, cependant, deux hommes en particulier exercèrent une influence sur la pensée du jeune Newman. Le premier était Richard Whately, futur archevêque anglican de Dublin, qui brillait par la vigueur et l'indépendance de sa pensée, et qui s'était donné pour mission d'apprendre aux jeunes *fellows* à penser par eux-mêmes. Ce fut à lui que les autres *fellows* d'Oriel confièrent la tâche de guérir le jeune Newman de sa timidité presque paralysante, et de corriger ses vues *evangelical* qui faisaient l'objet d'un certain mépris dans ce milieu intellectuel. Whately trouva en Newman un auditeur attentif et un homme doué d'une « facilité spéciale à pénétrer les idées dès qu'elles étaient exprimées, sinon même avant ». Il réussit rapidement à le faire s'extérioriser et lui fit le compliment d'être « l'esprit le plus clair qu'il ait jamais rencontré ». Par son entremise, le directeur de l'*Encyclopaedia Metropolitana* commanda à Newman un long article sur Cicéron, suivi bientôt de deux autres articles. Whately le fit collaborer également à un ouvrage qu'il allait publier plus tard sous le titre d'*Éléments de logique*, et qui devint vite un classique. Selon lui, Newman fut le rédacteur d'« une partie considérable de l'ouvrage » en même temps que « l'auteur original de plusieurs pages ».

L'influence de Whately sur Newman se fit sentir avant tout dans la conception que se faisait ce dernier de l'Église. Le jeune homme apprit de son interlocuteur « cette vérité capitale de la Révélation : l'idée de l'Église chrétienne, en tant qu'institution divine, corps visible et substantiel, indépendant de l'État et doué de droits, de prérogatives et de pouvoirs propres ». Malgré une brouille qui survint quelques années plus tard entre les deux hommes, Newman rendit ce vibrant hommage à Whately lors de son décès en 1863 : « Il prit sur lui de prêcher ces principes simples mais capitaux, que la religion n'a aucune peur du débat, que la foi peut en appeler sans crainte à la raison droite, que l'investigation ne fait qu'affermir les fondements de la révélation, et que l'Église est fondée sur la vérité, et rien que la vérité. » On trouve dans ces propos des éléments essentiels de la pensée de Newman lui-même.

Après Whately, le deuxième des *fellows* d'Oriel College à marquer profondément la pensée du jeune homme fut Edward Hawkins, alors curé de la paroisse de *St Mary the Virgin* (dont la nomination au poste de curé dépendait des *fellows* d'Oriel). En raison de leurs charges pastorales respectives, les deux hommes se trouvèrent seuls au collège pendant l'été. Hawkins se prit vite d'amitié pour Newman, et entreprit lui aussi de modifier certaines de ses conceptions religieuses. Grâce à lui, Newman comprit « la doctrine catholique que le pardon du péché nous est accordé, non simplement par imputation, mais par l'implantation de la grâce habituelle » au moment du baptême. (Le rôle du sacrement du baptême dans la vie du chrétien allait être l'un des « chevaux de bataille » du Mouvement d'Oxford, opposant radicalement ses partisans aux *Evangelicals*.) Hawkins lui apprit aussi la « doctrine *quasi* catholique de la Tradition ». L'emploi par Newman dès cette époque du mot « catholique », compris dans son sens étymologique d'« universel », constituait un des premiers signes de son souci de rechercher ce qui, dans les différentes Églises, faisait partie d'une *tradition* commune.

Par suite de ces diverses influences, Newman fit rapidement, nous dit-il, « le premier pas vers l'abandon de la forme *evangelical* du christianisme », même si « pendant un certain temps, quelques vestiges et lambeaux de cette doctrine subsistèrent dans sa prédication ».

Ordination et premier ministère paroissial

Sollicité pour remplir le poste de vicaire dans une paroisse populaire d'Oxford, *St Clement's*, Newman fut ordonné diacre le 13 juin 1824 et prêtre un an plus tard, le 29 mai 1825. Alors que dans la théologie anglicane de l'époque, l'ordination n'était aucunement considérée comme un « sacrement », Newman en possédait une conception particulièrement élevée : il y voyait un don de soi total et l'engagement de toute une vie. Il parle dans son journal intime de son sens profond de la « solennité » du « vœu d'ordination », affirmant son sentiment « d'avoir abandonné la vie séculière une fois pour toutes, d'être vraiment entré dans un ministère divin » et d'être un « soldat du Christ ». Le jour de son ordination diaconale, une heure après la fin de la cérémonie, il écrivit dans son journal ces mots :

> « C'est fini. Je suis à toi, Seigneur ; j'ai un peu le vertige, et je n'arrive pas tout à fait à y croire ou à comprendre. [...] les mots "à jamais" sont si terribles. [...] Pourtant, Seigneur, je ne demande pas le réconfort mais plutôt la sanctification. [...] Je me sens comme un homme jeté tout d'un coup en eau profonde. »

Le lendemain, 14 juin, il ajouta la note suivante : « Je porte la responsabilité des âmes jusqu'au jour de ma mort. »

Nous le voyons aussi, à travers les pages de son journal, songer sérieusement au cours de ces années à un « travail missionnaire en contrées païennes », y voyant l'accomplissement de son « vœu d'ordination ».

Son premier ministère nous fait découvrir un autre aspect de sa personnalité, surprenant chez ce fils de bourgeois. À l'étonnement général, il se mit tout de suite à rendre visite à *tous* ses paroissiens, se dévouant particulièrement aux plus pauvres et aux malades. Le secrétaire de la paroisse fit remarquer plus tard que l'activité de Newman en faveur de ses paroissiens était « sans équivalent » alors à Oxford. Il s'agissait bien plus, d'ailleurs, que d'un simple devoir que le jeune vicaire se serait imposé : il avoua à Pusey que ses visites aux malades constituaient « la partie la plus agréable » de sa charge.

Ce contact avec un monde populaire, pauvre sinon misérable, dénué d'instruction, le conduisit à réviser radicalement ses conceptions religieuses dans le sens même où l'orientait l'enseignement de Hawkins. Ce dernier avait critiqué sévèrement son premier sermon, qui « coupait le monde chrétien en deux parties, l'une toute ténèbres, l'autre toute lumière ». Selon lui, il était « impossible de tirer pareille ligne de démarcation à travers n'importe quel groupe humain [...]. Les hommes ne sont pas ou saints, ou pécheurs, mais ils ne sont pas aussi bons qu'ils devraient l'être et ils ne sont pas aussi mauvais qu'ils pourraient l'être ». Il était donc impossible de diviser l'humanité, à la manière des calvinistes, en deux catégories, les « élus » et les « réprouvés ». L'expérience pastorale de Newman fit naître en lui la conviction que « la religion qu'il avait reçue de John Newton et de Thomas Scott ne pouvait pas marcher dans une paroisse », qu'elle était « irréelle », et que « le calvinisme n'était pas la clé des phénomènes de la nature humaine ». En même temps, la nécessité de composer des sermons l'obligea à « systématiser » et à « compléter » sa pensée à propos de nombreuses questions. Ce fut donc tout d'abord une nécessité *pastorale* qui le conduisit à approfondir ses connaissances théologiques. Cette priorité accordée à l'action serait un trait typique de son caractère tout au long de sa vie.

Rien de tout cela n'altéra pourtant sa ferveur religieuse pendant ces années. Son journal témoigne de sa lecture quotidienne de la Bible, de sa pratique régulière de l'examen de conscience, de son habitude de prier au cours de longues promenades solitaires, de l'importance que revêtait pour lui la communion eucharistique, et de sa lutte acharnée contre ses péchés habituels qui semblent avoir été, à ses yeux, l'orgueil, la vanité, la colère et la gourmandise. La lecture du journal donne l'impression d'un homme d'une sensibilité aiguë, mais doué aussi d'une grande force de volonté, qui cherche par tous les moyens possibles à dominer cette sensibilité et à acquérir une grande maîtrise de soi.

Nous découvrons un autre aspect de sa sensibilité grâce aux visites faites à des amis dans diverses régions du pays pendant les vacances d'été. Ces visites furent pour Newman l'occasion de découvrir une nouvelle fois la beauté de la nature, et ses descriptions de celle-ci révèlent la finesse de son sens esthétique et de ses dons artistiques. Ce fut au cours d'une de ces visites en 1831, dans le Devon chez son ami Hurrell Froude, que ce dernier contracta la grippe qui allait se transformer par la suite en tuberculose, dont il allait mourir prématurément cinq ans plus tard.

Entre-temps, Newman s'engagea à fond aussi dans les activités de l'université. Il fut élu en 1824 trésorier adjoint de son collège. En 1826 – il n'avait encore que vingt-cinq ans – il prononça dans le cadre de ses fonctions le premier de ses *Quinze sermons prêchés devant l'université d'Oxford* : il s'agissait d'une prestation « officielle » devant tous les hauts dignitaires de l'université. En 1827, il devint l'un des examinateurs officiels de celle-ci, ce qui l'obligea à un lourd travail de préparation. Et, en 1829, il dut servir à son tour de *Proctor*, responsable de la surveillance des étudiants et de la discipline interne. Ces différentes responsabilités constituèrent une charge très lourde.

Tutor à Oriel College

En 1825, Whately fut nommé Principal d'Alban Hall à Oxford et demanda à Newman d'être son *Vice-principal.* Cette nomination le mit devant un choix, car il estimait incompatibles ses fonctions paroissiales et universitaires. Il abandonna donc son poste de vicaire à St Clement's, croyant que son devoir était de s'engager plutôt dans des tâches éducatives. Cette priorité accordée à l'éducation allait être une préoccupation constante chez lui. En juillet 1830, par exemple, il exprimerait à un ami son désir de ne jamais occuper un rang élevé dans l'Église car les « hommes les plus utiles » dans celle-ci n'étaient pas ceux qui la gouvernaient mais ceux qui enseignaient. Et trente ans plus tard, en 1863, il allait noter dans son journal que « du début à la fin, l'éducation, au sens le plus large du mot, a été ma ligne ». En même temps, cependant, il gardait toujours la nostalgie d'un travail pastoral, surtout auprès des gens simples.

En 1826, Newman démissionna de son poste à Alban Hall lorsqu'il fut nommé au poste de *tutor* à Oriel College. Cette fonction consistait alors à donner des cours magistraux et à assurer le suivi des étudiants – théoriquement du moins, car le peu de zèle de certains *tutors* universitaires conduisait beaucoup d'étudiants à engager des *tutors* privés. Newman avait cependant une tout autre conception de sa tâche. À ses yeux, la charge de *tutor* était une autre manière d'accomplir son « vœu d'ordination ». Il la considérait « comme la voie d'un devoir divinement ordonné » et de « nature substantiellement religieuse ». Le *tutor* devait être « un gardien moral et religieux des jeunes gens qui lui étaient confiés », il devait agir comme « un ministre du Christ » ayant « mandat de prêcher l'Évangile » et devant se rappeler « la valeur des âmes ».

Cette conception religieuse de sa fonction allait à l'encontre des vues des responsables de l'université ainsi que de beaucoup d'étudiants, dont l'anglicanisme était le plus souvent purement formel. Dès son arrivée à Oxford, en effet, Newman avait été indigné par la coutume qui régnait chez les étudiants de communier automatiquement une fois par trimestre, quelles que fussent leurs dispositions. Lors de la fête annuelle de leur collège, beaucoup communiaient même en état d'ivresse. Quand il se plaignit au président d'Oriel (et futur évêque), Copleston, de cette « profanation » du sacrement, ce dernier lui répondit : « Je ne le crois pas et, si c'est vrai, je ne veux pas le savoir. »

Newman parvint à faire partager ses convictions aux trois autres *tutors* d'Oriel, et ils entreprirent ensemble une réforme radicale du système. Ils récusèrent le régime privilégié accordé aux *gentlemen-commoners* (nom donné aux étudiants appartenant à de bonnes familles et jouissant d'une situation sociale privilégiée). Ils réorganisèrent le programme des cours magistraux, permettant à chaque *tutor* de consacrer plus de temps aux étudiants vraiment motivés qui étaient placés sous sa responsabilité. Avec ses propres élèves, Newman « cultivait des relations non seulement d'intimité, mais d'amitié et presque d'égalité », recherchant « leur société dans les exercices en plein air, le soir et pendant les vacances ». Ces relations étaient telles que, lorsqu'il fut nommé curé de St Mary's en 1828, « l'influence acquise sur eux les amena à le suivre sur le terrain religieux et à recevoir directement, par ses sermons, l'instruction religieuse ».

Il faut bien reconnaître que dans cette réforme Newman et ses amis agirent avec une certaine hauteur. Ils négligèrent de consulter, ou même d'informer, le nouveau président du collège, Hawkins, à son sujet. Hawkins, qui ne partageait pas du tout la conception religieuse que Newman se faisait de sa fonction, accusa ce dernier de sacrifier « le grand nombre au petit groupe » et de gouverner « non par l'application impartiale de règles intelligibles » mais « par simple influence personnelle et favoritisme ». L'accusation n'était pas totalement infondée, même si la motivation de Newman était exempte de tout intérêt personnel. Tous deux refusant obstinément de changer leurs positions, Hawkins finit en juin 1830 par informer son jeune collègue qu'il le privait désormais de nouveaux élèves. Newman fut obligé d'accepter cette « façon progressive » de l'« écarter ».

Cette triste histoire, où les torts sont certainement partagés, eut cependant une conséquence imprévue. À la fin du récit consacré à ce conflit dans ses mémoires, Newman ajouta une sorte de *post-scriptum* ironique dans lequel, en évoquant le Mouvement d'Oxford dans lequel il allait bientôt s'engager, il affirma que, « humainement parlant, ce mouvement n'aurait jamais existé » si Hawkins ne l'avait pas privé de son poste de *tutor*.

Le conflit avec Hawkins ne fut pas d'ailleurs la seule manifestation de combativité chez le jeune Newman. En février 1829, le gouvernement *Tory*, qui avait été jusqu'alors un défenseur acharné des privilèges de l'Église établie, avait changé radicalement de politique devant la crainte d'une guerre civile en Irlande et s'apprêtait à faire voter l'*Act of Emancipation*, accordant pour la première fois depuis trois siècles des droits civils aux catholiques. Devant ce revirement, Sir Robert Peel, ministre de l'Intérieur et député représentant l'Université à la Chambre des communes, crut nécessaire de démissionner de son siège puis, se ravisant, se représenta pour une élection. Hawkins, soutenu par Whately, prit fait et cause pour lui sans consulter les autres *fellows* d'Oriel. Newman mena la campagne d'opposition à Peel, non pas tant à cause de son choix politique qu'à cause de son apparent opportunisme.

Lorsque Peel fut battu aux élections, Newman triompha, déclarant que l'on avait « prouvé l'indépendance de l'Église et d'Oxford ». Sa campagne ne lui fit pas que des amis ; mais l'affaire marqua une prise de conscience pratique, et non seulement théorique, de la question de l'indépendance de l'Église par rapport au pouvoir civil. Ce fut la première annonce des événements dramatiques à venir.

Une passion grandissante pour les Pères de l'Église

Privé progressivement d'élèves et disposant ainsi de plus en plus de temps libre, Newman en profita pour se plonger dans l'étude des Pères de l'Église, dont la découverte l'avait passionné dix ans plus tôt quand il avait lu l'*Histoire de l'Église du Christ* de Milman. En 1827, il chargea son ami Pusey, parti alors étudier en Allemagne, de lui acheter tous les volumes des Pères qu'il pouvait y trouver. (Le manque d'intérêt alors pour les Pères se traduisait par le fait que de belles éditions des XVIIe et XVIIIe siècles traînaient encore chez des libraires.) En 1831, d'anciens élèves devenus amis lui offrirent le magnifique cadeau de trente-six autres volumes. Déjà, pendant les vacances d'été de 1828, il avait commencé à lire systématiquement les œuvres des Pères, dans l'ordre chronologique, en commençant par les Apologistes du IIe siècle, saint Ignace d'Antioche et saint Justin Martyr.

Parmi d'autres doctrines trouvées chez les Pères, Newman fut séduit par l'idée d'une secrète résonance entre le monde terrestre et le monde divin, qu'il appelait le « principe mystique ou sacramentel », ainsi que par la croyance selon laquelle le monde païen annonçait déjà le christianisme et trouvait en lui son accomplissement. Il fut vivement frappé aussi par la défense de la divinité du Fils et du dogme trinitaire que menèrent avec acharnement plusieurs Pères au IVe siècle, tout particulièrement l'évêque d'Alexandrie, saint Athanase, auquel il allait par la suite, sans doute inconsciemment, s'identifier.

Les Pères le sauvèrent aussi, nous dit-il, d'une tentation à laquelle la perte progressive de ses croyances *evangelical* l'avait exposé. Il commençait à « préférer la perfection intellectuelle à la perfection morale » et à se laisser « entraîner vers le libéralisme du jour ». Quelques années plus tard, ce « libéralisme » allait devenir à ses yeux le principal adversaire du Mouvement d'Oxford.

De quoi s'agissait-il ? Le sens du mot, chez Newman, est complexe et n'est pas toujours clair. Lui-même, en tant que catholique, sera accusé plus tard par ses adversaires d'être trop « libéral » ; et il témoignera d'une certaine sympathie pour le catholicisme français « libéral » d'un Lacordaire ou d'un

Montalembert. Mais le mot possède, dans le contexte présent, un sens strictement philosophique et théologique. Il désigne, dans un premier temps, la pensée d'un nombre croissant de chrétiens qui, sous l'influence du rationalisme du siècle des Lumières, tendaient à reléguer le christianisme dans la sphère privée et à en faire une simple affaire d'« opinion personnelle ». Aux yeux de Newman, cependant, l'*Evangelicalism* tendait lui aussi dans ce même sens, en faisant de la « foi » une réalité essentiellement subjective, la simple *reconnaissance* par le chrétien du salut réalisé par le Christ à travers sa passion et sa mort. Dans l'un et l'autre cas il voyait une tendance à réduire le christianisme à une affaire purement *personnelle* en même temps qu'à sa seule dimension *intellectuelle* (une question de « croyances » ou d'« opinions ») – à laquelle on ajoutait, certes, des dimensions affectives et morales, mais en laissant dans l'ombre la dimension proprement spirituelle, c'est-à-dire – étymologiquement – la rencontre avec Dieu ou avec le Christ par la présence agissante en nous de l'*Esprit* Saint.

À la place de cette subjectivisation et de cette intellectualisation, Newman trouvait chez les Pères de l'Église une approche totalement différente. Ceux-ci accordaient une place centrale aux grands dogmes objectifs de la foi, tout en voyant en ceux-ci non une fin en soi, mais un moyen nécessaire et indispensable de bien orienter la vie *spirituelle* du chrétien. Car celui-ci ne se définissait pas uniquement pour eux comme un « croyant », mais aussi comme un « chercheur » de Dieu.

Ses recherches patristiques portèrent d'abord leurs fruits dans son premier livre, *Les Ariens du IVe siècle*, qu'il acheva en juillet 1832 et qui fut publié vers la fin de l'année suivante. À l'origine de ce livre se trouvait une commande reçue pour un volume sur l'histoire des conciles, devant paraître dans le cadre d'une collection théologique. Mais le projet prit dans son esprit de plus en plus d'ampleur. Il envisagea d'abord de consacrer des volumes séparés aux conciles de l'Église d'Orient et à ceux de l'Église d'Occident, avec un troisième volume consacré au concile de Trente. Il se persuada ensuite de la nécessité d'écrire « une histoire *connectée* des conciles », les situant dans l'évolution générale de l'Église. Il comprit aussi l'impossibilité de séparer la théologie de l'histoire. Finalement, le livre devint une vaste étude de l'hérésie arienne, qui divisa profondément l'Église aux IVe et Ve siècles et qui conduisit à la convocation du concile de Nicée en 325. Rédigé avec tout l'enthousiasme d'un néophyte, *Les Ariens* constitue, de l'aveu même de l'auteur, le livre le plus « imparfait » qu'il eût jamais écrit. Mais il montre à quel point les Pères étaient devenus désormais pour Newman une norme quasi absolue, et il signale son émergence à la fois comme historien et comme théologien, possédant une pensée vigoureusement indépendante et originale.

Lui-même était pleinement conscient de cette évolution. Lorsque Whately lui avait proposé de nouveau, en septembre 1831, le poste de *vice-principal* d'Alban Hall, il avait refusé, persuadé que « l'étude de la théologie se trouve fort négligée à Oxford » et qu'il pouvait « rendre un service particulier à l'université » en la « cultivant ». Le sujet de son livre, qui était « la conception historique de la doctrine de la Trinité », lui paraissait d'ailleurs être « extrêmement important ». Il se voyait « résister aux innovations du jour » en défendant « l'œuvre d'hommes infiniment au-dessus de moi (les Pères de l'Église primitive) qui fait actuellement l'objet d'une attaque ».

Deux autres événements contribuèrent à cette époque à le détourner de la tentation du « libéralisme »: la maladie et le deuil. En décembre 1827, une surcharge de travail le mena à l'épuisement et à un nouvel effondrement de sa santé; l'expérience le conduisit à se ressaisir moralement et spirituellement. C'était la deuxième fois que l'expérience de la maladie se trouvait associée à un mouvement de « conversion ». Et en janvier 1828, alors qu'il était en convalescence, sa plus jeune sœur, Mary, qui lui était particulièrement chère, mourut subitement. Ce fut une perte que Newman allait continuer de ressentir douloureusement toute sa vie.

Curé de paroisse et prédicateur

À la fin de 1827, le président d'Oriel College, Copleston, fut nommé évêque de Llandaff au pays de Galles. Il y avait deux candidats pour lui succéder, Hawkins et Keble. Newman, qui allait plus tard regretter son choix, vota pour le premier sous prétexte qu'ils élisaient « un président, pas un ange ». Le 12 mars 1828, Hawkins fut élu, et deux jours plus tard Newman lui succéda comme curé de St Mary's : sans être l'église de l'université proprement dite (chaque collège ayant sa chapelle), elle était située au cœur de la ville et servait de lieu de rassemblement pour les membres de son université. Il était responsable aussi du village de Littlemore, une annexe de St Mary's située à environ cinq kilomètres du centre d'Oxford. Son père, qui avait fini par faire faillite, était mort en 1824, et en 1830 sa mère et ses deux sœurs aînées vinrent s'installer à Iffley, tout près d'Oxford. De là, il put solliciter leur aide à Littlemore, dont une bonne partie de la population vivait dans le plus grand dénuement. Elles s'y employèrent à des activités charitables, financées par Newman lui-même, et sa mère posa en juillet 1835, peu de temps avant sa mort, la première pierre d'une église construite par son fils à ses propres frais.

Cependant, c'est surtout St Mary's qui occupa Newman pendant ces premières années. Il allait y prêcher pendant quinze ans. C'est là qu'il prononça, le dimanche après-midi aux Vêpres, la plupart des sermons qu'il publia, à partir de 1834, dans les huit volumes des *Sermons paroissiaux*. Grâce à ces homélies, qui constituent l'un des sommets de la prédication chrétienne des temps modernes, Newman devint vite l'un des prédicateurs les plus écoutés et les plus lus de toute l'Angleterre. Il devint même une figure entourée d'une *aura* quasi légendaire, qu'on venait écouter souvent de loin.

Sa façon de prêcher était très différente de la grande tradition oratoire française, représentée par un Bossuet au XVIIe siècle, par un Bourdaloue ou un Massillon au XVIIIe, ou bien, à l'époque même de Newman, par un Lacordaire. À la différence de leurs grandes envolées rhétoriques, il parlait simplement, sur un ton presque d'intimité. La caractéristique la plus souvent notée de cette prédication était la qualité de sa voix, « douce » et « musicale », mais aussi « perçante » et « exaltante ». Suivant la coutume partout suivie alors dans l'Église anglicane, il lisait ses sermons ; il le faisait sans modulation de voix et sans gestes, les yeux rivés sur le papier devant lui. Il cherchait moins à convaincre ses auditeurs par la force des arguments, qu'à les réveiller à une conscience plus claire d'eux-mêmes et de leur relation personnelle à Dieu. Il assignait comme buts à la prédication de « nous faire tourner le regard vers notre cœur pour le sonder », de constituer « un moyen pour nous aider à mieux prier », et d'« allumer dans nos cœurs le visage du Christ ». Paradoxalement, ce grand prédicateur estimait même que la prédication ne constitue pas le meilleur moyen de « conversion », les meilleurs moyens étant les sacrements et la « vie des saints », car les uns et les autres étaient des « témoins visibles » de « Celui qui est la Persuasion même ».

Et pourtant, l'effet de cette prédication sur l'assemblée était extraordinaire. Selon un témoin, ces sermons, « qu'il prononçait comme un voyant », « tombaient comme une nouvelle révélation. Il avait le pouvoir merveilleux, surnaturel, d'élever l'esprit à Dieu et d'enraciner profondément en nous la connaissance personnelle de Dieu et le sens de sa présence ». Un autre parle de lui comme « quelqu'un qui, à certains moments privilégiés, a soulevé le voile de l'invisible ». Un troisième, devenu plus tard professeur de poésie à Oxford, nous a laissé cette description :

> « Le débit avait une particularité à laquelle il fallait du temps pour s'habituer. Chaque phrase, ou du moins chaque paragraphe court, était prononcé rapidement, mais avec une grande clarté d'articulation ; et puis il y eut une pause, qui dura presque trente secondes ; puis vint une nouvelle phrase ou un nouveau paragraphe court, suivi d'une

> nouvelle pause. Il fallait du temps pour s'y faire mais, une fois l'effet de surprise passé, l'enchantement merveilleux commençait à agir. [...] Son pouvoir se manifestait avant tout dans la manière nouvelle et inattendue dont il revivifiait les vérités anciennes, morales ou spirituelles, auxquelles tous les chrétiens adhèrent en principe, mais que la plupart ont cessé de sentir... Il touchait du doigt – si doucement, mais si puissamment! – quelque endroit intime du cœur de son auditeur, et lui apprenait des choses sur lui-même que, jusqu'alors, il n'avait jamais sues[2]. »

Sans jamais polémiquer, Newman cherchait néanmoins à se démarquer de deux tendances présentes dans l'anglicanisme de l'époque. La première était celle des partisans de la *Haute Église*, qualifiés ironiquement par Newman et ses amis de *High and Dry* (« hauts et secs »). Il se plaignait de la « froideur » et de la « sécheresse » de leur prédication essentiellement moralisante, qui tendait simplement à créer « des citoyens raisonnables et policés ». L'autre tendance était celle des *Evangelicals*, qui situaient la vie chrétienne, disait-il avec sans doute

2. J. C. SHAIRP, « Keble », in *Studies in Poetry and Philosophy*, 1868, p. 211.

une touche de caricature, « dans une sorte d'extase religieuse, dans une sensibilité exacerbée touchant les sujets sacrés, dans des pensées chargées de passions ».

Le contenu de cette prédication

Une place importante était accordée dans ces sermons aux grands dogmes de la foi chrétienne. Mais avec un déplacement important : à une époque où la pensée chrétienne voyait surtout dans l'Expiation de nos péchés par la mort du Christ la doctrine centrale du christianisme, Newman situait cette doctrine centrale dans l'Incarnation. Il découvrit aussi, grâce aux Pères de l'Église, la place de la Résurrection dans la foi et l'expérience chrétiennes. Il insistait beaucoup aussi sur la Trinité. Mais la doctrine sans doute la plus originale de sa prédication, qu'il découvrit là encore chez les Pères, était celle de l'« inhabitation » de l'Esprit Saint, c'est-à-dire la présence en nous de l'Esprit du Christ Ressuscité, thème que les Pères avaient eux-mêmes trouvé chez saint Jean et saint Paul. Il alla même jusqu'à définir le chrétien en termes de cette Présence intérieure : « Un vrai chrétien peut donc presque être défini comme un homme qui a un sens souverain de la présence de Dieu en lui. »

Cependant, pour lui l'Esprit du Christ travaille *à travers* les éléments constitutifs de notre humanité, tels que la conscience, la raison et les sentiments. C'est cette conviction qui, paradoxalement, explique l'aspect apparemment volontariste d'une grande partie de son enseignement spirituel. Elle le conduisait à insister sur la place et l'importance de la volonté et de l'effort de l'homme. Il alla jusqu'à dire que si, dans un sens, le salut est l'œuvre en nous du Christ par son Esprit, dans un autre sens il dépend de nous-mêmes, car nous devons l'*accueillir* en nous et nous *laisser* travailler par lui. Newman catholique ne penserait pas autrement.

Ses sermons témoignent aussi de son rapport complexe avec l'*Evangelicalism*. Malgré son expérience à St Clement's, il était resté membre de deux associations proches de ce courant, la *Church Missionary Society* et la *Bible Society* (« Association biblique »). En mars 1829, il fut même élu secrétaire de la section d'Oxford de la première, avec le projet secret de la réformer. Mais l'indépendance revendiquée par ces deux associations à l'égard de la hiérarchie de l'Église le troublait de plus en plus. L'échec de ses projets de réforme le conduisit en 1830 à démissionner de l'une et de l'autre. Quant à sa prédication, tout en restant profondément marqué par certains traits fondamentaux de l'*Evangelicalism*, Newman y critiquait plusieurs des doctrines et conceptions de ce dernier : sa conception de la « conversion », avec le caractère « instantané » qu'on lui attribuait ; la trop grande place accordée de manière générale, à ses yeux, à l'affectivité ; et l'idée selon laquelle il suffisait, pour être sauvé, de *regarder vers* le Christ et de le *reconnaître* comme Sauveur et Seigneur, indépendamment de tout processus de transformation intérieure. Il estimait aussi que le souci du croyant de savoir s'il se trouvait dans un « état spirituel » conduisait à « une contemplation directe de nos sentiments comme *le* moyen, *la* preuve de notre justification », bref à une forme d'introversion spirituelle.

La « foi » et la « raison » : les *Sermons universitaires*

En 1843 Newman publia ses *Quinze sermons prononcés devant l'université d'Oxford entre 1826 et 1843*, mieux connus sous son titre abrégé de *Sermons universitaires*. Il s'agissait de conférences plus que de sermons, prononcées dans le cadre de ses fonctions universitaires, certaines à l'invitation du recteur.

Leur sujet principal est la nature de la « foi » et de ses rapports avec la « raison ». Contre une opinion largement répandue à l'époque, Newman niait l'existence d'une opposition entre les deux, à condition de ne pas concevoir étroitement la « raison » en termes d'un rationalisme purement critique. La « foi » constitue au contraire une *forme* d'« exercice de la raison ». Mais en même temps, elle ne se situe pas sur le même plan. Loin de se limiter à un simple contenu dogmatique, elle est le fruit d'une « empreinte » laissée par Dieu sur l'esprit de l'homme. Elle n'a pas besoin, d'ailleurs, de pouvoir se dire ou s'expliciter, la foi « implicite » n'étant en aucune façon moins réelle que la foi « explicite ». Cet intellectuel se révèle ici être un défenseur acharné de la foi des gens simples et illettrés, « habités » par quelque chose qu'ils sont incapables de « se dire » à eux-mêmes. Même si la pensée de Newman reste ici parfois tâtonnante, car il défrichait un terrain nouveau dans l'histoire de la pensée occidentale en proposant pour la première fois une sorte de phénoménologie de la foi, le niveau de sa réflexion dépassait très largement celui des autres penseurs de l'époque.

Les deux derniers de ces sermons contenaient en germe deux de ses futurs livres : *L'Idée d'université* et l'*Essai sur le développement*. On trouve là un nouvel exemple de la continuité profonde qui parcourt toute son œuvre.

Des aperçus de l'expérience spirituelle de Newman lui-même

Bien qu'en bon *gentleman* anglais Newman reste extrêmement pudique concernant sa propre vie spirituelle, ses sermons nous permettent d'entrevoir ou de deviner quelque chose de celle-ci. Tel est le cas par exemple de ce passage d'un sermon prêché à la Pentecôte 1834, intitulé *The Indwelling Spirit* (littéralement : « L'Esprit qui demeure en nous ») :

> « Dieu nous envoie l'Esprit afin qu'il soit présent en nous de façon permanente. Et il nous donne aussi un langage qui sanctifie les divers mouvements de nos esprits. [...] C'est ce qui convient à qui possède en lui la douce présence de l'Esprit. [...] À certaines heures, par exemple au milieu des épreuves et des afflictions, il reçoit une visite spéciale et le réconfort de l'Esprit, des "gémissements inexprimables" en son cœur, des aspirations à la vie à venir, ou bien des rayons éclatants et passagers de l'éternelle élection de Dieu, ainsi que les élans profonds d'admiration et de reconnaissance qui en résultent. Mais lui, il est trop respectueux et conscient du "secret du Seigneur" pour trahir, pour ainsi dire, sa confiance, en s'en vantant devant le monde. »

Ou encore, ce portrait du chrétien que dresse un sermon de 1839 intitulé « De la sérénité », qui nous permet d'entrevoir certainement quelque chose de la vie intérieure du prédicateur :

> « Car, comme je l'ai dit, le chrétien possède cette paix profonde, silencieuse et cachée, que le monde ne voit pas, semblable à une source dans un lieu retiré et ombragé, difficile d'accès. Il est la majeure partie du temps tout seul, et lorsqu'il est dans la solitude, c'est là sa véritable condition. Tel qu'il est lorsqu'il se trouve seul avec son Dieu, voilà sa vraie vie. Il s'accepte tel qu'il est ; bien plus, il peut se réjouir en lui-même, car c'est la grâce de Dieu à l'intérieur de lui, c'est la présence de l'Éternel consolateur, qui fait toute sa joie. Il peut supporter, il trouve même agréable d'être dans sa propre compagnie en tout temps, "jamais moins seul que lorsqu'il est seul". »

Enfin, un sermon intitulé « La Présence invisible du Christ », prêché en novembre 1841, à l'époque où Newman commençait à éprouver des doutes au sujet de l'anglicanisme, témoigne implicitement de son expérience de la présence du Christ dans le sacrement de l'eucharistie – expérience qui, d'ailleurs, retarda presque certainement son départ de l'Église anglicane, car elle semblait montrer que le Christ était malgré tout présent dans cette Église :

> « Si votre âme a été, pour ainsi dire, transfigurée à l'intérieur de vous, lorsque vous

vous êtes approché du Très Saint Sacrement […]. Oh ! Réfléchissez avant de douter que nous possédons toujours parmi nous la Présence divine. »

Église de St Mary the Virgin, Oxford, où Newman prêchait ses *Sermons paroissiaux*.

3

Le Mouvement d'Oxford, 1833-1839 : les années triomphales

La maladie en Sicile

Vers la fin de 1832, n'ayant pratiquement plus d'élèves à Oriel College et ayant achevé la rédaction des *Ariens*, Newman accepta l'invitation de son ami Hurrell Froude et du père de celui-ci de les accompagner au cours d'une croisière en Méditerranée. Les trois hommes partirent de Falmouth le 8 décembre 1832, à bord de l'*Hermès*. Après des escales à Cadix, à Gibraltar, à Alger, et à l'île de Malte, ils arrivèrent enfin à Corfou, où ils restèrent une semaine, avant de retourner à Malte. De là, ils prirent un autre bateau pour Naples, s'arrêtant en chemin à Messine et à Palerme. Ils y passèrent quinze jours avant de partir pour Rome, la destination finale de leur périple.

De Rome, Newman insista, contre l'avis de ses amis, pour retourner seul en Sicile, « afin de satisfaire une imagination, par pure fantaisie, entraîné, par un amour profond de la Sicile, à contempler ses cités et ses montagnes ». Il éprouvait en effet une fascination profonde pour ce monde encore proche, à ses yeux, de l'Antiquité grecque et romaine. Traversant à pied et à dos de mulet la campagne sicilienne, en compagnie de son fidèle serviteur Gennaro, il tomba malade, probablement d'une fièvre typhoïde qui faisait alors des centaines de victimes. Après trois jours passés au lit dans une auberge de Leonforte, se sentant fortifié, il insista pour reprendre la route ; mais il s'effondra de nouveau à quelques kilomètres de là et dut trouver refuge dans un cabanon au bord de la route. Un médecin qui, par chance, se trouvait dans les environs, le fit transporter jusqu'à la ville de Castro Giovanni, dans un logement convenable, où il fut saigné, sans aucun effet. Pendant une dizaine de jours, en proie à une forte fièvre, il resta suspendu entre la vie et la mort.

Dans son délire, il songeait à sa vie passée. Le conflit avec Hawkins y occupait une place importante, et il s'accusait d'avoir agi alors avec orgueil et présomption. Il se demandait aussi si sa décision de retourner seul en Sicile n'avait pas été dictée par une volonté égoïste, et il éprouvait le sentiment que « Dieu combattait contre » lui à cause de cette disposition. Tout en s'accusant de nombreux péchés, cependant, il répéta à plusieurs reprises cette formule mystérieuse, dont lui-même ne réussit jamais à bien comprendre le sens : « je ne mourrai pas, car je n'ai pas péché contre la lumière ». Il exprima aussi plusieurs fois la conviction que « Dieu avait (encore) du travail » pour lui ou qu'Il lui « réservait un travail à accomplir ».

Cette expérience fut l'occasion d'une nouvelle « conversion ». Désormais, l'« abandon » à la volonté de Dieu allait devenir le fondement de toute sa spiritualité. Peu à peu la fièvre s'estompa, et quelque temps après il put partir pour Palerme. En attendant le bateau qui le ramènerait à Marseille, puis à bord de ce bateau, il fut pris d'une frénésie de création poétique, composant plusieurs dizaines de poèmes et de prières. La plus célèbre de celles-ci, publiée sous le titre de « La Colonne de nuée » (allusion au peuple d'Israël dans le désert) est universellement connue par son premier vers, « Guide-moi, douce Lumière ».

Il regagna l'Angleterre le 8 juillet 1833 et retourna le lendemain à Oxford, donnant alors toutes les apparences d'un homme investi d'une mission. (Il avait perdu cependant tous ses cheveux, et dut porter pendant plusieurs mois une perruque.) Quelques jours plus tard, le 14 juillet 1833, son ami Keble s'en prenait aux adversaires de l'Église dans son célèbre Sermon des Assises, publié sous le titre de « L'Apostasie nationale ».

Newman attribua toujours au sermon de Keble un rôle de déclencheur de ce qui allait devenir le « Mouvement d'Oxford ». Les choses sont en réalité beaucoup plus complexes. Son propre rôle dans l'affaire Peel quelques années plus tôt peut être vu comme une préfiguration de certains développements ultérieurs. Mais pour comprendre vraiment les origines du Mouvement, il faut tracer brièvement l'histoire des relations entre l'Église et l'État en Angleterre depuis les premières décennies du XVIe siècle.

Situation de l'Église d'Angleterre

À la différence d'autres Églises issues de la Réforme protestante du XVIe siècle, l'Église d'Angleterre était au départ une création purement politique, fondée par la *Loi de suprématie* que fit voter le roi Henri VIII en 1534. Son chef temporel était désormais le monarque, et sa législation dépendait d'un vote du Parlement. Tous les monastères du pays furent systématiquement et brutalement fermés, pillés et détruits, et les ordres religieux furent interdits. Pendant trois siècles, catholiques et groupes protestants « dissidents » (*Dissenters*) firent l'objet d'abord de persécutions sanglantes, puis de discriminations sévères.

Contre la volonté d'Henri VIII lui-même, la théologie de la nouvelle Église s'était peu à peu

« protestantisée », tout en gardant de nombreuses ambiguïtés. Les *Trente-neuf articles*, profession de foi officielle de l'Église anglicane dont la version définitive date de 1563, sous le règne d'Élisabeth Ire, mais qui reprenait des professions de foi antérieures, montraient l'influence des réformateurs continentaux – Luther, Zwingli et surtout Calvin – et témoignaient d'une hostilité farouche à l'égard de l'Église catholique romaine. En revanche, le *Book of Common Prayer* (appelé couramment *Prayer Book*, « Livre de prières »), manuel liturgique officiel, conservait et prescrivait bien des éléments de la liturgie et de la théologie traditionnelles. Au XVIIe siècle, un groupe important de théologiens anglicans – connus sous le nom de *Caroline Divines*, c'est-à-dire de théologiens (c'est le sens ici du mot anglais *divine*) ayant vécu à l'époque du roi Charles Ier (1625-1649), bien qu'en réalité leurs écrits débordent ce strict cadre chronologique – avait cherché à créer une théologie spécifiquement « anglicane » qui, se démarquant des systèmes de pensée des réformateurs continentaux et s'appuyant sur les Pères de l'Église, conserverait quelque chose des richesses de la tradition, tout en gardant aussi un esprit d'hostilité farouche à l'égard de Rome. Mais bon nombre des prescriptions du *Book of Common Prayer*, notamment celles concernant la célébration de l'eucharistie et de l'office divin, étaient progressivement tombées en désuétude parmi le clergé. Et les compromis politico-religieux qui avaient suivi la révolution de 1688 favorisèrent, au siècle suivant, l'émergence d'une profonde indifférence doctrinale (le terme de *Broad Church*, « Église large », désigne en effet moins un esprit de tolérance que cette indifférence doctrinale). Newman allait dénoncer inlassablement ce qu'il estimait être le vice congénital de cette religion sous le nom de « jugement personnel » (*private judgement*), c'est-à-dire le droit revendiqué par chacun de choisir ses *propres* opinions religieuses, dans le cadre d'une religion devenue une affaire essentiellement privée.

D'autre part les évêques, étant choisis et nommés par le gouvernement, avaient presque tous, sinon tous, partie liée avec l'État. Newman déplorait leur passivité, et exprima en 1831 le souhait que « ceux qui nous gouvernent ressemblent plus à des hommes et moins à des carpettes » ! Seuls trois ou quatre d'entre eux, selon un historien anglican du Mouvement d'Oxford, Richard Church, pouvaient être qualifiés de théologiens. Le clergé paroissial sortait, presque sans exception, des bonnes familles du royaume ou des rangs de ceux qui, grâce à l'appui d'un « piston », aspiraient à en faire partie ; beaucoup de ses membres cherchaient à faire carrière dans l'Église et semblaient s'intéresser d'abord à l'importance des revenus attachés à leur charge. Les uns et les autres étaient généralement perçus d'ailleurs comme des fonctionnaires de l'État dont la tâche essentielle était de (bien) prêcher et d'assurer à l'occasion certains rites et cérémonies.

La caractéristique principale de l'Église anglicane était en fait d'être une Église *nationale*, et un élément essentiel, aux yeux de ses membres, de l'identité anglaise. (L'historien James Anthony Froude, frère de l'ami de Newman, Hurrell, disait de leur père l'archidiacre Froude qu'il considérait « l'Église elle-même comme faisant partie de la Constitution, et le *Prayer Book* comme un décret du Parlement qu'il fallait être fou ou déloyal pour contester ».) Cette doctrine (appelée en anglais *Erastianism*, du nom d'un obscur théologien suisse du XVIe siècle), qui subordonnait l'Église à l'État avec lequel elle tendait à se confondre, était quasiment un article de foi au sein du parti *Haute Église*.

Quant à la vie sacramentelle, mis à part le baptême (le mariage n'étant plus considéré comme un sacrement), elle occupait au début du XIXe siècle, même dans la *Haute Église*, une place extrêmement réduite. La Cène n'était célébrée généralement que quatre fois par an, et peu de fidèles communiaient. Les autels fixes avaient même disparu de la plupart des églises. La vie liturgique était affaiblie aussi par la quasi-disparition des offices de Laudes et de Vêpres (*Evensong*). Il régnait une torpeur spirituelle assez générale, certains évêques témoignant d'un grand laxisme dans l'exercice de leurs fonctions – l'exemple le plus notoire étant celui de l'archevêque d'York, Harcourt, qui, pour expédier les affaires, avait confirmé tous les enfants de son diocèse le même jour par une seule bénédiction générale. Certes, il régnait chez bon nombre d'hommes d'Église une certaine bienveillance ou bonne volonté ; mais ce qui les caractérisait le plus était une forme d'*inconscience* à l'égard des questions théologiques et spirituelles.

Les principales forces vives du pays, sur le plan religieux, se trouvaient dans l'*Evangelicalism*, issu du puissant mouvement de renouveau lancé par John Wesley au XVIIIe siècle. Rejetés par l'Église « établie », les disciples de Wesley avaient été obligés de faire scission ; mais dans les premières décennies du XIXe siècle, l'influence de leurs idées se faisait de plus en plus sentir au sein même de l'*Establishment*. Parmi d'autres caractéristiques, l'*Evangelicalism* prônait un christianisme essentiellement intérieur, qui accordait une place privilégiée à l'Église « invisible » par opposition à l'Église institutionnelle et sacramentelle. Le Mouvement d'Oxford, soucieux de retrouver le vrai sens de l'« Église », allait nécessairement entrer en conflit avec ce courant. Mais en même temps, plusieurs des principaux acteurs du Mouvement, dont Newman lui-même, comme nous l'avons vu, avaient été profondément marqués par lui.

Presque tous, même parmi les partisans de la *Haute Église*, se considéraient et se désignaient eux-mêmes à l'époque d'ailleurs comme « protestants ». (Ce fut le Mouvement d'Oxford, s'inspirant des théologiens anglais du XVIIe siècle, qui allait accréditer de nouveau le terme « anglican », devenu depuis lors courant.) Et tous vouaient presque sans exception – héritage des conflits politico-religieux sanglants du XVIe siècle – une haine féroce à l'Église catholique romaine, perçue comme une puissance étrangère sinistre et menaçante.

Le rôle des événements politiques dans le déclenchement du Mouvement

Le Mouvement d'Oxford n'avait dans le fond rien d'un mouvement politique. Pourtant ce sont des événements politiques qui en furent, paradoxalement, le déclencheur.

L'Angleterre était alors un pays en pleine expansion économique et démographique. Ses structures administratives n'avaient pas suivi, cependant, cette évolution, les réformes nécessaires ayant été retardées pendant plus d'une génération du fait des guerres napoléoniennes. L'année 1830 mit fin à la longue domination du parti *Tory* et installa au pouvoir un nouveau gouvernement *Whig* (ou libéral), résolu à imposer au pays une série de réformes radicales. En 1832 le gouvernement, par la *Loi de réforme*, fit voter une révision radicale de la carte électorale, supprimant des circonscriptions devenues plus ou moins fictives faute de population (appelées *rotten boroughs*, « circonscriptions pourries »). Quelques mois plus tard, il s'apprêtait à faire voter un projet de loi destiné à soulager la population opprimée de l'Irlande, où les catholiques étaient très largement majoritaires, en y supprimant dix sièges épiscopaux anglicans que les catholiques finançaient par leurs impôts. Les rumeurs les plus folles couraient alors à propos d'autres projets du gouvernement : l'on parlait, parmi d'autres choses, d'une réforme radicale de la liturgie de l'Église. Ces projets, réels ou imaginaires, suscitèrent peu de remous dans le pays dans son ensemble. Même les évêques anglicans n'y étaient pas hostiles : après tout, l'Église anglicane était « établie », et il paraissait tout à fait normal à l'immense majorité des Anglais de voir le gouvernement de Sa Majesté réglementer à son gré la vie d'une Église dont le roi était le « Gouverneur Suprême ».

Une petite minorité d'hommes, cependant, réagit très vivement, l'action du gouvernement les incitant en effet à se poser la question de l'*identité* même de cette Église qui se laissait ainsi manipuler. Paradoxalement, la plupart de ces hommes étaient proches, au départ, de la tradition de la *Haute Église*, très attachée au lien entre l'Église et l'État, et au parti *Tory* qui avait toujours été un pilier de l'*Establishment*. Newman lui-même partageait ces idées, et il avait appréhendé l'arrivée au pouvoir des *Whigs* qu'il détestait. Mais tous furent conduits très tôt à se poser la question d'une éventuelle séparation de l'Église et de l'État, afin de sauver la première. Newman alla même jusqu'à envisager – comme, en France à la même époque, Félicité de Lamennais – une Église fondée sur des bases populaires. Il s'interrogeait en juillet 1833 : « L'Église primitive se jeta entre les bras du *peuple* – maintenant que la couronne et l'aristocratie nous ont désertés, ne devons-nous pas faire de même ? » En avril 1836, il revint sur le même thème : « Je souhaite encourager les membres du clergé à envisager hardiment la possibilité de faire reposer l'Église sur l'affection du peuple dans son ensemble. À présent elle est beaucoup trop une Église de l'aristocratie. » Cette reconnaissance du rôle du peuple chrétien dans l'édification de l'Église allait être un thème central de son ecclésiologie, tant anglicane que catholique.

Très vite, Newman émergea lui-même comme le chef de file d'un groupe constitué principalement de *fellows* de l'université d'Oxford (d'où l'un des noms donnés par la suite au mouvement), unis par une volonté commune de résister à la politique du gouvernement et de travailler à un « réveil » au sein de l'Église établie. L'université d'Oxford étant alors le principal centre de formation du clergé anglican, ces hommes estimaient que s'ils arrivaient à obtenir le soutien de leurs collègues et de leurs étudiants, actuels et anciens, ils pourraient changer radicalement le caractère de cette Église. Mais Newman refusa d'emblée l'idée d'un « comité », fermement persuadé de l'importance de l'initiative personnelle, déclarant qu'il ne fallait pas « des soldats de ligne, mais des francs-tireurs ».

Les moyens adoptés

En vue de réaliser ce dessein, Newman et ses amis eurent recours à quatre moyens.

Le premier était la publication des *Tracts for the Times* (« Tracts pour le temps présent »), le mot *tract* désignant en anglais non une simple feuille mais un libelle ou un pamphlet à caractère polémique. L'idée fut conçue par Newman, lui-même l'auteur du tiers environ des quatre-vingt-dix *Tracts* publiés. Tous étaient anonymes, et chacun était l'œuvre d'un seul auteur, Newman étant persuadé que les productions d'une association seraient « froides, formelles et *im*personnelles », alors qu'une communication personnelle, « provenant d'un esprit individuel », possédait « une vie, qui est assurée de faire une impression ».

Dès les débuts du Mouvement, Newman, débordant d'une « joyeuse et exubérante énergie », fut « occupé du matin au soir » à rédiger, à publier et à diffuser des *Tracts*. Depuis son retour d'Italie, sa vitalité extraordinaire étonnait ses amis, qui dirent avoir de la peine à reconnaître l'homme qu'ils avaient connu auparavant. Une série rapide des *Tracts* sortit des presses, les premiers à un rythme de quatre ou cinq par mois! À partir de la fin de 1835, en revanche, ils devinrent moins fréquents et de plus en plus longs, certains formant de véritables traités de théologie destinés à poser les bases d'une théologie et d'une ecclésiologie anglicanes. D'autres encore étaient constitués d'anthologies de textes (*catenae*) tirés des théologiens anglicans du XVIIe siècle ou des Pères de l'Église. Ils furent envoyés par la poste, gratuitement ou à bas prix, à des collaborateurs parmi les membres du clergé habitant en province, qui en assuraient à leur tour la diffusion. Mais Newman lui-même fit aussi de nombreux voyages à cheval (c'était un excellent cavalier) pour rencontrer des membres du clergé et les gagner aux idées nouvelles. Au fil des années, les *Tracts* connurent un succès extraordinaire, les derniers se diffusant à plusieurs dizaines de milliers d'exemplaires.

Le deuxième moyen employé pour influencer l'opinion était une série de publications destinées à mieux faire connaître la pensée des Pères de l'Église. Avant même la publication du premier des *Tracts*, Newman commença, dans *The British Critic*, revue favorable à leur cause, une série de « Lettres sur l'Église des Pères ». Son objectif était de montrer combien l'Église des premiers siècles différait à la fois du protestantisme contemporain et de l'Église établie. Il devint lui-même directeur de la revue entre janvier 1838 et novembre 1840. Entre-temps, son ami Pusey entreprit de faire paraître une série de traductions d'ouvrages patristiques (qui allait s'échelonner finalement sur une période de cinquante ans !). Ces divers volumes, publiés dans *La Bibliothèque des Pères*, constituèrent le pendant érudit et le complément nécessaire des *Tracts*.

Le troisième moyen adopté était celui de conférences publiques, publiées ensuite en volume. Newman donna ainsi deux séries de conférences, « sur la tradition prophétique de l'Église », prononcées en 1836 et publiées l'année suivante, puis « sur la doctrine de la justification », prononcées en 1837 et publiées en 1838. Dans l'un et l'autre cas, il essayait de développer une théologie spécifiquement anglicane, distincte à la fois du « protestantisme » et du « romanisme ».

Le quatrième vecteur d'influence des idées nouvelles s'avéra être, à long terme, le plus puissant. Il s'agissait des sermons prêchés par Newman dans la chaire de St Mary's et publiés en volume à partir de 1834. Newman cherchait soigneusement dans ces sermons à éviter toute polémique ; il est indéniable pourtant qu'ils eurent pour effet de subvertir le *statu quo* de l'Église anglicane. C'est ce qu'il reconnut lui-même dans une lettre à Keble en 1840 : il ne pouvait pas « se cacher » que son enseignement

« n'était pas destiné à défendre ce système religieux reçu depuis trois cents ans et dont les présidents des Collèges sont ici à Oxford les soutiens légitimes. [...] ils comprennent que mes sermons sont destinés à saper l'ordre établi. [...] Personne ne niera que la plupart de mes sermons traitent de questions morales, pas doctrinales ; il n'empêche que je suis en train de conduire mes auditeurs vers l'Église primitive, si vous voulez, mais pas vers l'Église d'Angleterre ».

Les idées principales des tractariens : une Église « une, sainte, catholique et apostolique »

Si le Mouvement était né d'une protestation contre l'action de l'État, ses buts dépassèrent très vite cet enjeu immédiat. Il s'agissait pour Newman et ses amis de travailler à un « réveil » de l'anglicanisme non seulement sur le plan institutionnel, mais aussi sur les plans théologique, liturgique, sacramentel et spirituel.

Dans une série de conférences prononcées en 1850, Newman proposa comme clé de lecture du Mouvement la formule du Symbole de Nicée-Constantinople : « Je crois en l'Église, une, sainte, catholique et apostolique. » Tout le Mouvement d'Oxford représentait en effet un effort pour creuser le sens profond de ces quatre termes. Examinons les enjeux représentés par chacun, en les prenant dans un ordre un peu différent.

Dans un contexte de divisions entre confessions chrétiennes, réfléchir sur le sens de l'Église « une » obligeait les tractariens à déterminer le rapport de l'Église d'Angleterre aux autres Églises chrétiennes, et donc à s'interroger sur les fondements de la première. Or, il leur apparaissait de plus en plus que celle-ci manquait d'un fondement théologique solide. Sa principale raison d'être semblait être tout simplement de constituer une Église *nationale*. Newman déclara en janvier 1836 qu'il ne pouvait pas « aimer l'"Église d'Angleterre" ainsi désignée communément – le titre même est une injure [...] car il laisse entendre qu'elle tient, non de l'Église catholique, mais de l'État ». Il ne pouvait l'aimer, disait-il, qu'« en tant que portion et réalisation de l'Église catholique parmi nous »; mais cela l'amenait à se « désoler » de sa « séparation des Latins et des Grecs ».

La question de l'unité de l'Église conduisait nécessairement aussi à celle de sa « catholicité », c'est-à-dire de son caractère universel. Dès les origines du Mouvement, Newman employa systématiquement le mot « catholique » pour désigner cette Église universelle dont l'Église d'Angleterre aurait été la présence et l'expression locales. Mais pour que l'Église d'Angleterre puisse vraiment se considérer comme « catholique », elle devait retrouver et se réapproprier, aux yeux des tractariens, toute une richesse de pensée théologique et de pratiques liturgiques et sacramentelles largement perdue au cours des trois cents ans qui avaient suivi la Réforme du XVIe siècle. Il fallait donc, dans ce sens, « recatholiciser » l'Église anglicane, au risque de susciter chez les adversaires du Mouvement des accusations de « romanisme » ou de « papisme » – ce qui ne manqua pas, effectivement, de se produire.

Le souci de l'« apostolicité » de l'Église – au sens où ce terme est employé dans le *credo*, c'est-à-dire remontant aux Apôtres et faisant preuve d'une continuité ininterrompue depuis les « temps apostoliques » – rejoignait cette recherche d'une unité organique et posait la question de la Tradition. En dépit de la prétention toute théorique de l'Église d'Angleterre d'être une « continuation » de « cette Église unique dont Athanase et Augustin étaient membres dans les temps anciens », cette identité n'était plus guère perceptible au XIXe siècle. Il fallait alors retourner à ce « christianisme primitif » dont témoignaient les formules du *Prayer Book* et l'œuvre des théologiens anglicans du XVIIe siècle. Une « deuxième Réforme » était nécessaire pour restaurer cette « religion ancienne » qui avait pratiquement disparu en Angleterre.

Les tractariens se trouvaient ici cependant dans une situation paradoxale, sinon contradictoire. Leur théologie de l'apostolicité reposait sur le principe de la « succession apostolique », et mettait en valeur l'importance de l'évêque non seulement comme centre et principe d'unité de l'Église locale, mais aussi et surtout comme l'incarnation de ce principe de « succession ». Or, l'immense majorité des évêques anglicans étaient très loin de partager cette vision élevée de leur fonction. (Newman s'amusa beaucoup quand on lui raconta la perplexité d'un évêque qui, ayant lu l'un des *Tracts* consacrés à la question, n'arrivait pas à se décider s'il était vraiment un successeur des Apôtres.) Malgré toute la déférence personnelle du premier à l'égard de son propre évêque, un conflit avec les évêques en place était, à terme, inévitable.

La caractéristique la plus importante du Mouvement d'Oxford était cependant sa dimension proprement *spirituelle*, sa recherche des moyens de parvenir à une authentique « sainteté ». Les tractariens redécouvrirent l'Église non seulement comme « corps du Christ » mais comme son « corps *mystique* ». C'est cela qui commandait leurs efforts pour restaurer la vie sacramentelle, dans laquelle ils voyaient un « canal » puissant de la grâce. C'est encore cela qui explique leur insistance sur l'importance de la prière, à la fois liturgique et personnelle. On ne comprendra jamais en effet le Mouvement d'Oxford si on le réduit à une simple bataille d'idées, ou à une simple restauration de formes liturgiques tombées dans l'oubli.

Le 30 juin 1834, Newman commença à célébrer un office tous les matins à St Mary's, alors qu'un tel office, bien que prescrit par le *Prayer Book*, était presque totalement tombé en désuétude. Son action frappa les esprits et conduisit nombre de membres du clergé à suivre son exemple. Il introduisit dans le calendrier liturgique des fêtes pour honorer des saints anglais. Le n° 75 des *Tracts*, rédigé par lui et publié au milieu de 1836, était une longue présentation (en deux cent sept pages !) du Bréviaire romain. Il connut un succès étonnant, se trouvant épuisé au bout de seulement six mois ; il semble avoir marqué un regain d'intérêt pour les *Tracts*, dont l'éditeur décida de doubler désormais le tirage. Newman lui-même se mit à pratiquer le Bréviaire à partir de 1836, en appréciant vivement la « brièveté » des oraisons et la place importante accordée aux Psaumes, deux caractéristiques très différentes de l'habitude protestante qui consistait à improviser de longues prières et à faire des « invocations continuelles » à Dieu.

En 1837 enfin, Newman réalisa son désir profond, qu'il nourrissait depuis quatre ans, d'une célébration eucharistique avec communion à St Mary's tous les dimanches. (Mais, en raison de la résistance de certains de ses paroissiens, il fut obligé de la fixer à 7 heures du matin : dans de telles pratiques, beaucoup flairaient un retour au « romanisme » !) Il recommanda aussi à ses paroissiens de jeûner avant de communier, pour tenter de retrouver dans ce rite le sens du « mystère ». Il alla même jusqu'à envisager la restauration de la confession individuelle, sans oser cependant la conseiller publiquement (lui-même entendit sa première confession, en tant que prêtre anglican, en 1838). Et l'année suivante, il réclama la refondation de monastères, convaincu que l'« esprit religieux » de l'Église primitive conduisait en effet au monachisme.

Au cœur de ce sens du « mystère » que les tractariens cherchaient à faire redécouvrir se trouvait la doctrine – qui occupait une place centrale dans la prédication de Newman à St Mary's – de l'« inhabitation » de l'Esprit du Christ Ressuscité dans l'Église et dans le cœur de chaque fidèle. Ce qui conféra finalement à Newman son pouvoir unique comme chef de file du Mouvement d'Oxford n'était pas simplement le fait d'être le défenseur d'une théorie de l'Église, mais aussi et surtout celui d'être le propagateur d'une théologie de la *grâce*.

L'apogée du Mouvement

Entre 1833 et 1839, Newman était un homme débordant d'énergie, de passion et de confiance. Il faisait preuve d'une « énergie joyeuse et exubérante ». Pour beaucoup de ses adversaires, en revanche, il se conduisait comme un agitateur irresponsable. Lui-même d'ailleurs employa plusieurs fois le mot « agitation » pour désigner certaines des activités du Mouvement, et il reconnut plus tard que son comportement à cette époque manifestait « un mélange d'ardeur farouche et de malice amusée ». Mais il avait « une suprême confiance » dans la cause que lui et ses amis défendaient. Il était convaincu de soutenir « ce christianisme primitif qui avait été enseigné pour tous les temps par les autorités de l'Église primitive, et qui était consigné et attesté dans les formulaires anglicans et par les théologiens anglicans ». Cette « ancienne religion » devait être « restaurée ». Il fallait pour cela « une seconde Réforme, et meilleure que l'autre, car elle serait un retour non au XVIe mais au XVIIe siècle ».

Le Mouvement d'Oxford atteignit son apogée vers 1839. Les *Tracts*, réunis maintenant en volume, se vendaient, rapporta Newman, « plus vite qu'on ne peut les imprimer », le quatrième volume se trouvant épuisé, par exemple, en l'espace de six mois. À cette époque, l'influence personnelle de Newman était à son apogée, chez les étudiants d'Oxford comme dans tout le pays, au point où l'enthousiasme des premiers s'exprimait dans un slogan souvent entendu alors à Oxford : *Credo in Newmanum !* L'impact des nouvelles idées sur le bas clergé et sur un certain nombre de laïcs, en l'espace de seulement six ans, constitue en effet un phénomène étonnant.

Et pourtant, c'est en 1839 que le premier coup allait être porté au splendide édifice théologique que Newman s'était efforcé si laborieusement de construire, et qui allait maintenant, en l'espace de deux ans, s'écrouler complètement.

Newman vers 1845 :
Portrait en miniature par Sir William Ross.

4

Le Mouvement d'Oxford, 1839-1841 : les années de crise

La conception de la *Via Media*

Dès le début du Mouvement d'Oxford, Newman avait pris soin de dissocier – parfois avec véhémence – l'Église d'Angleterre du « protestantisme » des réformateurs du XVIe siècle. En juillet 1834, il exprima son « désaveu » du mot « protestant », affirmant qu'il « protestait » autant contre Calvin que contre le concile de Trente et que l'Église d'Angleterre était une Église « réformée », non pas « protestante ». Puisque, selon lui, l'anglicanisme avait conservé le principe de l'« apostolicité » et faisait partie de l'Église « catholique », elle occupait une position *intermédiaire*, représentant une *via media*, entre les Églises issues de la Réforme et l'Église catholique romaine.

Il n'inventa pas ce concept de la *via media*, qui remonte aux *Caroline Divines* du XVIIe siècle, mais il en fit la pierre d'angle de sa propre ecclésiologie. En 1834, il publia deux *Tracts* consacrés au sujet, déclarant dans le premier que « c'est la gloire de l'Église anglaise d'avoir emprunté la *VIA MEDIA*, comme on l'a nommée. Elle se situe *entre* les (soi-disant) Réformateurs et les Romanistes ». Il poursuivit cette réflexion dans ses deux séries de conférences de 1836 et de 1837.

Dans *La Fonction prophétique de l'Église, considérée relativement au romanisme et au protestantisme populaire*, Newman développe une réflexion née d'une controverse avec un prêtre français, l'abbé Jager, autour de la question de la tradition. Il cherche à démontrer que, si la Réforme protestante avait rejeté en bloc la riche tradition venant de l'Église des Pères et du Moyen Âge, en prétendant s'appuyer exclusivement sur le témoignage de l'Écriture, l'Église anglicane, elle, avait conservé l'essentiel de cette tradition. Il se trouve bien obligé de reconnaître que l'Église de Rome avait, elle aussi, conservé cette tradition. Mais elle l'avait, à ses yeux, « corrompue », en y ajoutant des croyances et des pratiques nouvelles. Il fallait alors creuser l'idée même de « tradition ». Newman établit une distinction entre ce qu'il appelle la tradition « épiscopale » ou « apostolique », et la tradition « prophétique ». La première comporte tout ce qui a fait l'objet d'une transmission « officielle » au cours des siècles, à travers les *credo* ou professions de foi, les actes des conciles et les déclarations du Magistère. La seconde est le fruit de la réflexion des théologiens et du développement d'une piété et d'une pratique populaires. Il existe entre les deux, selon lui, comme une tension dialectique, la seconde tirant en avant en quelque sorte la première. On trouve là une nouvelle manifestation de la place accordée dans la pensée ecclésiologique de Newman au rôle du peuple chrétien.

Dans ses *Conférences sur la doctrine de la justification*, il s'efforce d'esquisser une théologie du salut située entre la doctrine luthérienne de la « justification par la foi seule » (telle, du moins, qu'elle était comprise à son époque) et la position du concile de Trente. Sa réflexion allait, à long terme, aider chacune des Églises à voir plus clair dans ses propres positions théologiques, et contribuer à effectuer une réconciliation entre elles. Mais son souci immédiat se trouve être, ici encore, de présenter la théologie anglicane comme une *via media*.

La fragilité de cette conception

Dès le début, cependant, Newman avait été conscient de la fragilité de cette conception. En janvier 1836, dans une lettre à Pusey, il critiqua l'absence de « principes » théologiques chez les partisans de la *Haute Église*, ajoutant : « N'est-il pas évident que l'Église anglaise ne subsiste que *dans l'État*, et n'a aucune cohérence interne ? » L'Introduction même de *La Fonction prophétique* contient un aveu d'une franchise étonnante, caractéristique de l'empathie de Newman qui le rendait capable, tout en défendant son propre point de vue, de comprendre celui de son adversaire. Il y reconnaît qu'il est possible d'affirmer que « l'Église d'Angleterre, telle qu'elle est établie par la loi et qu'elle existe en fait, n'a jamais représenté une doctrine quelconque ou constitué le développement d'un principe », et qu'elle « n'a jamais eu de fondement intellectuel ». Alors que « le protestantisme et le papisme » sont « des religions *réelles* », la « *Via Media*, en tant que système intégral, n'a *jamais existé que sur le papier* ». La tâche – immense – qu'il se fixait, donc, était de *créer* une ecclésiologie anglicane, et de la faire adopter par son Église.

Cependant, réfléchir sur ce que l'anglicanisme pouvait avoir en commun avec le catholicisme romain, c'était prêter le flanc à des accusations de « romanisme » ou de « papisme ». Aux yeux de beaucoup d'anglicans de tendance *evangelical*, le fait même de parler de l'« Église » faisait « soupçonner la présence de Rome ». Il fallait donc se démarquer vigoureusement de cette dernière, en affichant une hostilité renouvelée.

En même temps, Newman ne pouvait pas se cacher la sympathie grandissante ressentie par certains jeunes disciples du Mouvement pour l'Église de Rome. Dès juin 1839, il craignait des défections dans ce sens, car il était pleinement conscient que les tractariens suscitaient « des aspirations et des goûts qu'il ne nous est pas permis de satisfaire – et jusqu'à ce que nos évêques et d'autres accordent une place au développement du catholicisme d'une manière extérieure et visible, nous *tendons* effectivement à le faire chercher par des esprits impatients là où il s'est toujours trouvé : à Rome ».

Enfin, une nouvelle difficulté naissait au fur et à mesure que Newman avançait dans son étude des Pères. L'idée de l'« apostolicité » de l'Église anglicane reposait non seulement sur l'idée d'une fidélité à leur enseignement, mais aussi sur la conviction qu'il existait chez eux un *consensus* sur l'essentiel. Or, la lecture attentive de leurs écrits révéla progressivement à Newman que ce consensus n'existait pas. Il se trouva de plus en plus convaincu d'avoir lu les Pères à travers les yeux des théologiens anglicans du XVIIe siècle et de s'être laissé tromper par eux. Ses principales difficultés allaient venir maintenant de l'*intérieur* même de sa propre réflexion théologique.

La crise de 1839

Au cours des vacances d'été de 1839, plusieurs secousses ébranlèrent le bel édifice qu'il avait si laborieusement construit.

Dès le début des vacances, resté seul à Oxford, Newman retourna « avec grand plaisir » à ce qu'il appelait son « propre sujet », c'est-à-dire l'étude des Pères. Les tractariens, dit-il, avaient réussi à attirer l'attention sur l'importance du recours à l'Antiquité ; il fallait maintenait déterminer avec précision « *ce que disent* les Pères ». Cet approfondissement ne fut pas sans réserver des surprises. Alors qu'il étudiait les « controverses du Ve siècle autour de l'Incarnation », et tout particulièrement l'hérésie monophysite condamnée par le concile de Chalcédoine en 451, il fut frappé de percevoir certaines analogies entre le Ve siècle et le XIXe : l'anglicanisme lui paraissait être dans la situation des monophysites d'alors, c'est-à-dire en *dehors* de l'Église « catholique » ou universelle, alors que Rome, en la personne du pape Léon le Grand, apparaissait comme le défenseur de la vraie foi.

Quelques semaines plus tard, une deuxième découverte l'ébranla plus encore. Un ami attira son attention sur un article publié dans la *Dublin Review* par le futur primat de l'Église catholique en Angleterre, Nicholas Wiseman, que Newman avait rencontré lors de sa visite en 1833 à Rome où Wiseman était recteur du *English College* (séminaire anglais). L'article traitait du schisme donatiste du IVe siècle, auquel dut s'affronter saint Augustin. Newman fut frappé par une formule d'Augustin qui ne cessa de résonner dans sa tête : *Securus judicat orbis terrarum*, qu'il allait traduire, en l'amplifiant, dans l'*Apologia* en ces termes : « Le jugement délibéré auquel l'Église entière finit par donner sa confiance et son assentiment est une prescription infaillible et une sentence définitive contre les membres de l'Église qui protestent et qui se séparent. » Encore une fois, il lui semblait parfaitement évident que l'Église d'Angleterre se trouvait dans une situation de schisme par rapport à l'Église universelle. L'ecclésiologie tractarienne se trouvait prise en défaut par son propre principe de « catholicité ». Ces « mots immenses » de saint Augustin « réduisaient complètement en cendres la théorie de la *via media* ».

Peu à peu, le calme revint dans son esprit. Ses « anciennes convictions » demeuraient « telles qu'elles étaient auparavant ». Mais il avait l'impression d'avoir « vu un fantôme » et restait hanté par l'idée qu'à la longue il faudrait bien « admettre que l'Église de Rome ait raison ». Il sentait que son « devoir » était de « continuer comme par le passé », d'« obéir aux convictions » qui le « possédaient depuis si longtemps ». Mais il n'avait « plus de théorie anglicane effective ».

Force était donc, « avec beaucoup de mal », de « se rabattre sur les trois premiers points » de sa croyance : « le principe du dogme, le principe sacramentel et l'antiromanisme ». De ces trois points, pourtant, « les deux premiers étaient bien mieux sauvegardés dans l'Église romaine que dans l'Église anglicane ». Quant au troisième, il était d'ordre purement négatif : c'était l'hostilité farouche envers l'Église de Rome qu'il avait toujours ressentie, et qu'il retrouvait chez les théologiens anglicans du XVIIe siècle. Cependant, cet « antiromanisme » ne constituait en aucune façon un « principe philosophique ». Newman s'en était « pénétré à l'âge de quinze ans », cela constituait « une tache » sur son imagination, qui par ce biais « exerçait encore un grand ascendant » sur lui. Mais il voulait se « laisser guider » désormais non par son imagination, mais par sa raison.

Le critère de la « sainteté »

Face à l'écroulement de sa conception de la *via media*, Newman, afin de justifier l'anglicanisme, invoquait de plus en plus au cours de ces années le principe de la « sainteté ». Certes, il reconnaissait que cette « marque » (en anglais : *note*) de la véritable Église y faisait largement défaut. Mais il gardait la ferme conviction que, même « avec tous nos péchés, il y a plus de sainteté dans l'Église d'Angleterre et d'Irlande que parmi les membres de l'Église catholique romaine dans ces mêmes pays ». Les acteurs du Mouvement d'Oxford avaient déjà fait beaucoup pour « améliorer l'état de la Communion anglaise ». Il fallait à présent « que les catholiques romains en fassent autant », car « la foi et la sainteté sont irrésistibles ». Et il adressa aux catholiques romains un défi qui allait s'avérer prophétique :

> « S'ils veulent convertir l'Angleterre, qu'ils aillent pieds nus dans nos villes manufacturières, qu'ils prêchent au peuple, comme saint François Xavier, qu'ils se fassent lapider et piétiner – et j'admettrai qu'ils puissent faire ce que nous ne pouvons pas faire ; j'avouerai qu'ils sont de loin meilleurs que nous [...]. C'est cela être des catholiques ; c'est cela, assurer leur triomphe. »

Un élément important dans sa croyance à la sainteté présente dans l'Église d'Angleterre était le rôle de la grâce sacramentelle. En décembre 1841, il pouvait encore affirmer que « la présence du Christ est toujours avec nous ». Comme nous l'avons déjà vu, il avait fait lui-même l'expérience de la présence du Christ dans le sacrement de l'eucharistie, expérience qui, pendant longtemps, le retint encore dans l'Église anglicane.

Il réfléchissait aussi, maintenant, à une éventuelle *union* entre les deux Églises, fondée sur l'idéal d'une « sainteté » partagée. Dans un long article publié en janvier 1840, il affirmait que si Rome « se réformait », il serait alors « du devoir de notre Église d'entrer tout de suite en communion avec les Églises du Continent, quoi qu'en disent ici les hommes politiques, et quelles que soient les mesures prises en conséquence par le pouvoir civil ». Un mois plus tard, il déclara que « la sainteté étant assurée, tout le reste finirait par suivre ». Et, en 1841, dans une longue lettre à son évêque, il affirma que « la sainteté est la grande marque de l'Église » et qu'il s'unirait « comme à des frères à tous ceux qui possèdent cette marque ».

L'opposition grandissante au tractarianisme et l'émergence d'un « nouveau Mouvement » de jeunes radicaux

Entre-temps, au fur et à mesure que les idées du Mouvement gagnaient du terrain, la réaction des *Evangelicals* et du parti *Haute Église* s'intensifia, au point où Newman et ses amis en vinrent à craindre sérieusement un « schisme » au sein de leur Église. Sans en parler à Newman, le recteur de l'université cessa avec sa famille de fréquenter St Mary's. Les présidents des collèges avancèrent l'heure du repas du dimanche soir afin d'essayer d'empêcher leurs étudiants d'aller écouter les sermons de Newman prononcés à 4 heures de l'après-midi. La publication en 1838 et 1839 des journaux intimes de son ami Hurrell Froude, récemment décédé, provoqua un scandale en révélant la haine vouée par celui-ci à la Réforme du XVIe siècle. Les essais de Newman réunis en volume dans *L'Église des Pères* et publiés sans nom d'auteur en mars 1840 en firent autant pour des raisons différentes, le principal objet du scandale ici étant la mise en évidence par l'auteur de l'importance du monachisme dans l'Église primitive.

Devant cette opposition grandissante, Newman envisagea pour la première fois de démissionner de sa cure de St Mary's. Il expliqua à Keble en octobre 1840 que « les autorités universitaires, les gardiens attitrés de ceux qui constituent une part importante des auditeurs » de ses sermons, avaient « pris en aversion » sa prédication. Il reconnaissait aussi que, indépendamment de sa volonté, celle-ci influençait ses auditeurs en faveur de l'Église de Rome, car non seulement Rome était « le seul représentant en dehors de nous-mêmes de l'Église primitive », mais « bon nombre des doctrines » auxquelles il adhérait personnellement étaient « beaucoup plus généralement admises, ou admises uniquement, dans le système romain ».

En même temps que grandissait l'opposition au Mouvement, une nouvelle génération de tractariens commençait à occuper le devant de la scène, constituant presque aux yeux de Newman un « nouveau Mouvement ». Beaucoup de ces jeunes disciples prônaient des positions plus radicales que celles des fondateurs. Ils s'impatientaient devant les résistances de l'*Establishment* anglican, et certains étaient déjà tentés de se convertir individuellement au catholicisme romain. Ce fut le désir de les retenir dans l'Église d'Angleterre qui conduisit Newman à rédiger et à publier ce qui allait constituer le dernier des *Tracts*, le célèbre numéro 90.

« Essayer un canon » : la crise provoquée par le *Tract 90*

Le 6 novembre 1840, il écrivit à Keble :

> « Je ne pense pas que nous ayons encore suffisamment mis à l'épreuve la capacité de transformation de l'Église anglaise. Je sais que c'est une expérience hasardeuse, comme d'essayer un canon. Mais nous ne devons pas supposer à l'avance que le métal éclatera au cours de l'opération. L'Église a supporté, à différentes époques, pour ne pas dire à l'époque actuelle, une grande infusion de vérité catholique sans subir de dégâts. »

C'est à une telle expérience qu'il décida maintenant de se livrer.

Le *Tract 90* portait le titre relativement anodin d'*Observations concernant certains passages des trente-neuf articles*. Newman avait déjà souligné à maintes reprises l'écart qui existait entre les *Trente-neuf articles*, profession de foi officielle de l'Église anglicane, et le *Book of Common Prayer*. Ce dernier conservait une large part de la tradition « catholique », même si ses rubriques n'étaient plus guère suivies. Les *Trente-neuf articles* constituaient en revanche une pierre d'achoppement autrement plus redoutable. Newman se fixa donc comme objectif de démontrer, par un examen minutieux de ces *Articles*, qu'ils étaient, malgré les apparences, susceptibles d'une lecture compatible avec la foi de l'Église de Rome telle que celle-ci avait été définie par le concile de Trente. C'était là, dit-il, « une question de vie ou de mort pour notre mouvement ». Car ce « sens catholique » des *Articles* n'avait jamais été « reconnu publiquement », tandis qu'en revanche l'« interprétation du jour » était « exclusivement protestante ». Le principe herméneutique adopté consistait à « donner à nos professions de foi protestantes le sens le plus catholique qu'elles puissent admettre ». Quoi qu'il en soit de l'argumentation de l'auteur, sa tentative dans le *Tract 90* de montrer tout au moins une large compatibilité entre les doctrines officielles de l'anglicanisme et celles du catholicisme romain ne convainquit guère l'immense majorité de ses lecteurs. Naïvement, il avait imaginé que le *Tract* passerait presque inaperçu et ne serait lu que par une petite minorité d'esprits sympathisants. En fait, sa publication provoqua un tollé de protestation à Oxford et dans tout le pays.

Le *Tract 90* parut le 27 février 1841, anonymement selon une coutume bien établie. Le 15 mars, le recteur de l'université et les présidents des collèges le censurèrent publiquement et interdirent aux étudiants de le lire. Le 23 mars, après avoir consulté l'archevêque de Cantorbéry, l'évêque d'Oxford, le Dr Bagot, avec qui Newman avait entretenu jusque-là de bonnes relations, exigea l'arrêt des *Tracts* et la suppression du n° 90. À l'issue de négociations délicates, Newman donna son accord pour arrêter la série, mais il obtint de ne pas devoir supprimer le *Tract 90*. Son évêque, en acceptant ce compromis, lui donna des assurances concernant la réaction éventuelle des autres évêques : très peu d'entre eux, selon lui, le condamneraient. Ce fut en réalité le contraire qui allait se produire.

L'affaire du *Tract 90* eut une double conséquence dans la vie de Newman. Non seulement elle sonna définitivement le glas de sa théorie de la *via media*, mais elle marqua aussi l'échec de son effort pour « recatholiciser » l'Église anglicane. Il se rendit compte de l'impossibilité de lui faire adopter ses propres conceptions, et même de l'impossibilité d'y effectuer des réformes tant soit peu sérieuses.

Les « trois coups » de 1841 qui finirent d'ébranler l'anglicanisme de Newman

Pendant l'été 1841, Newman entreprit de traduire saint Athanase pour la *Bibliothèque des Pères*, dirigée par son ami Pusey, y consacrant entre dix et douze heures par jour. Il avait choisi délibérément de « mettre de côté toute controverse ». Mais, entre juillet et novembre de cette année, il reçut « trois coups » qui le « brisèrent ».

Le premier fut le fruit de ses études patristiques. Comme dans son étude faite deux ans plus tôt de l'hérésie monophysite, un examen renouvelé de l'hérésie arienne du IVe siècle lui montra clairement que l'Église de Rome était le véritable défenseur de la foi orthodoxe. C'est Rome, en effet, qui avait soutenu sans faille le patriarche d'Alexandrie, Athanase, champion de la foi trinitaire, contre les évêques des Églises d'Orient gagnés à l'hérésie. Rome paraissait déjà clairement « ce qu'elle est aujourd'hui ».

Le deuxième « coup » venait des évêques anglicans. Malgré les assurances de son propre évêque, au cours de l'automne 1841 une série de mandements épiscopaux condamnèrent le *Tract 90*. L'un après l'autre, au cours des trois années suivantes, la presque totalité des évêques anglicans allaient se joindre à cette condamnation. Ce fut pour Newman un désaveu total de la part de la hiérarchie de son Église.

Le troisième « coup » fut d'ordre politique et « anéantit définitivement » sa « foi en l'Église anglicane ». Il s'agissait de la décision, prise conjointement par les gouvernements de la Grande-Bretagne et de la Prusse, de créer un évêché à Jérusalem, dont l'occupant serait alternativement un anglican, puis un membre de l'Église luthéro-calviniste (que l'empereur de Prusse venait de créer en imposant aux luthériens et aux calvinistes situés sur ses territoires de fusionner). Cette décision purement politique – il n'y avait aucun anglican résidant alors à Jérusalem – apporta la preuve définitive de la soumission totale de ces deux Églises à leurs États respectifs. Ce « grand malheur » – dans lequel Newman verrait plus tard, paradoxalement, « l'une des plus grandes grâces » – l'amena « au début du dénouement ».

Dès la fin de 1841, il ne prit plus aucune part effective au Mouvement d'Oxford qui se trouva ainsi décapité. Mais le départ de Newman ne fit pas disparaître le Mouvement, les troupes qui restaient se ralliant autour de Pusey. Si celui-ci manquait du charisme de son ancien collègue, son érudition profonde suscitait néanmoins respect et admiration. Peu à peu, les idées des tractariens allaient effectuer une transformation profonde d'une partie de l'Église anglicane ; et Richard Church, ami de Newman qui serait plus tard doyen de la cathédrale Saint-Paul à Londres et le premier historien du Mouvement, irait jusqu'à affirmer, dans une notice nécrologique publiée en 1890, que Newman était « le créateur, pratiquement, de l'Église anglicane, telle que nous la connaissons aujourd'hui ». Le Mouvement porte encore ses fruits de nos jours dans l'un des trois principaux courants de cette Église, que l'on appelle habituellement le « courant anglo-catholique » (*Anglo-Catholic wing*).

Ce n'est pas le moindre des paradoxes de la vie de Newman qu'il modifia profondément le visage d'une Église qu'il finit par quitter.

« The College », Littlemore, près d'Oxford, où Newman vécut de 1842 à 1846 et où il fut reçu dans l'Église catholique le 9 octobre 1845.

5

Années d'épreuves et de conversion 1842-1845

Le « monastère » de Littlemore

Depuis plusieurs années déjà, Newman aimait faire des séjours prolongés au village de Littlemore, annexe de sa paroisse de St Mary's située à cinq kilomètres environ du centre d'Oxford. Il y avait fait construire, à ses propres frais, une église. Avec l'aide de sa mère et de ses sœurs il s'était beaucoup occupé des paroissiens, qui vivaient alors dans un grand dénuement, ainsi que du catéchisme des enfants du village, pour lesquels il avait créé une école, allant même jusqu'à se soucier de l'hygiène des garçons et des filles ! Ces préoccupations pratiques faisaient que Newman s'y sentait beaucoup plus à l'aise qu'à St Mary's, dont il déplorait la « froideur ».

Depuis quelque temps aussi, il réfléchissait à l'idée d'y faire construire une « maison monastique ». Il acheta une écurie et une grange attenante, qu'il fit transformer en six *cottages* pouvant l'accueillir lui-même avec quelques amis, et une salle pouvant abriter sa bibliothèque qui prenait des proportions de plus en plus vastes. Chaque « cellule » contenait trois pièces – une chambre, une salle de séjour et une salle de bains – et se trouvait reliée aux autres par une galerie couverte formant un « cloître ». En février 1842, Newman quitta ses appartements d'Oriel College pour s'installer définitivement à Littlemore.

L'intérêt qu'il portait à la vie religieuse et monastique remontait au-delà même des débuts du Mouvement d'Oxford. Son aversion à l'égard de toute forme d'ingérence de l'État dans les affaires de l'Église l'avait déjà conduit, au moment de l'affaire Peel en 1829, à s'interroger sur « la nécessité d'avoir dans l'Église des hommes, comme les Frères mendiants du catholicisme, libres de tout obstacle à leur engagement dans la défense de celle-ci ». En 1832, il exprima le vif désir de comprendre « les *modalités* de la naissance des ordres monastiques », afin de voir s'il ne serait pas possible de « fonder une telle société, en cas de besoin ». Cinq ans plus tard, en lisant *Les Fiancés* du romancier italien Alexandre Manzoni, il avait été séduit par le personnage du frère capucin. Les essais sur « l'Église des Pères », parus dans *The British Critic* à partir d'octobre 1833, montraient l'importance du monachisme dans l'Église primitive, dont l'esprit religieux « conduisait naturellement au monachisme ». Ce dernier avait permis de répondre alors à des aspirations religieuses n'ayant pu trouver leur expression, en Angleterre, que dans le méthodisme de John Wesley, puisque l'Église établie refusait d'admettre tout ce qu'elle ne jugeait pas « rationnel » et « raisonnable ».

En 1839, Newman avait donc exprimé son souhait de voir la fondation de monastères en Angleterre. Il allait soutenir ardemment les efforts de Pusey pour y créer des monastères de femmes, percevant remarquablement bien l'attrait que la vie religieuse pouvait avoir pour des femmes à cette époque. Il estimait que, contrairement à « l'esprit d'opposition résolue, acerbe et moqueuse » manifesté à l'égard de telles institutions par le protestantisme, celles-ci accordaient aux femmes « une dignité et une indépendance » que le mariage et la société civile leur refusaient alors. (C'est un fait incontestable que la vie religieuse, au XIXe siècle, permettait à des femmes énergiques et entreprenantes une liberté d'action et un déploiement d'activité qu'elles ne trouvaient nulle part ailleurs.) Enfin, en janvier 1842 il vit dans la création d'un monastère le « seul moyen possible » de garder les jeunes tractariens les plus radicaux dans l'Église anglicane.

Nous avons du mal aujourd'hui à juger de l'impact de ces idées sur l'opinion publique de l'époque. En Angleterre, tous les monastères avaient été brutalement détruits et saccagés sous le règne d'Henri VIII ; et, depuis Luther, le monachisme était considéré dans l'ensemble du monde protestant et anglican comme une abomination quasi diabolique. Newman se garda soigneusement d'employer publiquement le mot « monastère » ; la communauté de Littlemore représentait néanmoins la première tentative de création de ce genre depuis trois siècles. Elle ne tarda donc pas à être l'objet d'une curiosité malsaine de la part de visiteurs importuns et indiscrets, ainsi que de dénonciations virulentes dans la presse et depuis des chaires de prédication.

La conception que Newman se faisait de cette communauté était cependant très personnelle. En mars 1842, il l'appela « mi-collège, mi-monastère ». Littlemore devait être un lieu à la fois de travail intellectuel et de prière. Le fondateur lui-même donna l'exemple en consacrant une grande partie de chaque journée à la traduction et au commentaire de saint Athanase, tout en réservant aussi quatre heures et demie par jour à la prière. Il était également très occupé par la direction spirituelle, répondant systématiquement à toutes les demandes de conseils qui lui étaient adressées.

À partir d'avril 1842, la communauté institua une prière matinale régulière utilisant le Bréviaire romain (mais en omettant les invocations à la Vierge Marie et aux saints). Le régime était rude. La prière commençait à 6 heures du matin (et même à 3 heures pendant le Temps de l'Avent). On gardait le silence jusqu'à 14 ou 15 heures, et on l'observait de nouveau à partir de 20 ou 21 heures. Un jeûne total était observé jusqu'à midi, chacun mangeant alors debout et séparément. Un seul repas communautaire était pris le soir, à 17 heures. Newman s'obligeait lui-même à une ascèse rigoureuse, à une pauvreté volontaire et à une pratique du jeûne qui inquiéta ses amis et son médecin. Devenu catholique, il allait sourire plus tard de ces austérités excessives, fruit de son inexpérience. Mais son ignorance d'exemples concrets de la vie monastique rendait alors ces excès inévitables. La communauté organisa aussi une retraite commune basée sur les *Exercices spirituels* de saint Ignace de Loyola. Cependant, comme il n'était pas question de prendre un prêtre catholique comme directeur de la retraite, ils durent faire tant bien que mal leur propre interprétation de ces *Exercices*. Ce fut néanmoins pour Newman l'occasion de mieux découvrir « la sainteté des saints romains *depuis* notre séparation », surtout celle des Jésuites.

Sympathie grandissante pour le catholicisme romain

Au cours des années 1842-1843, la correspondance de Newman avec ses amis proches montre un détachement progressif de l'anglicanisme et un attrait de plus en plus fort pour l'Église catholique romaine.

En mai 1843, il avoua à Keble qu'il était « beaucoup plus *certain* que l'Angleterre est en schisme » que du caractère injustifié des apparents « ajouts » romains au *credo* primitif. Quatre mois plus tard, le 7 septembre 1843, il démissionna de sa cure de St Mary's. Le 25 du même mois, à l'occasion du septième anniversaire de la consécration de l'église de Littlemore, il y prêcha son dernier sermon anglican, publié sous le titre de « La Séparation des amis ». Ce fut un moment d'émotion extrême, la plupart des membres de l'assemblée étant en larmes à la fin du sermon.

En même temps, l'hostilité farouche qu'il avait toujours ressentie à l'égard de l'Église de Rome commençait à faiblir. En octobre 1840 il s'était dit « troublé » par le soupçon d'avoir, dans ses publications antérieures, « parlé en des termes trop forts contre Rome ». Il continuait de protester contre « les honneurs excessifs rendus à sainte Marie et à d'autres saints », contre la « doctrine des Indulgences » et contre « la vénération dont font l'objet, dans des pays étrangers, les images », allant jusqu'à accuser l'Église de Rome de « quasi-idolâtrie ». Il éprouvait également une répulsion profonde à l'égard des agissements politiques d'une partie du clergé catholique en Irlande, qui avait formé à ses yeux une alliance contre nature avec les « libéraux » pour faire avancer la cause nationaliste irlandaise. Newman y voyait un détournement de la religion au profit de la politique, qui confirmait l'image qu'il se faisait alors de l'Église de Rome qui lui semblait se comporter, au moins en partie, en puissance politique intrigante.

Et pourtant, il fut obligé, malgré lui, de reconnaître en mars 1841 que l'« Église de Rome » était, « au milieu même des erreurs et des vices de son système pratique », la « seule communion religieuse parmi nous » qui permettait d'« assouvir librement des sentiments de crainte, de mystère, de tendresse, de révérence, de dévotion et d'autres sentiments qui peuvent être appelés spécifiquement catholiques ». En janvier 1842, il exprima la « peur grandissante qu'en tenant des propos hostiles à l'Église de Rome », il fût « en train de parler contre le Saint-Esprit ». Dans le courant de la même année, il rédigea une rétractation de ses propos antiromains les plus extrêmes des années précédentes. Ce document (qui n'est pas sans faire penser aux *Rétractations* de saint Augustin !) fut publié en janvier 1843.

Les raisons des hésitations de Newman

Le 23 janvier 1844, il fit part à Keble de sa « conviction sans cesse grandissante » du caractère schismatique de l'Église d'Angleterre. Un mois plus tard, il confia à Pusey qu'il avait la conviction « très forte » qu'ils ne faisaient « pas partie de l'Église catholique ». Mais en même temps il estimait qu'il était de son « devoir » de « résister » à ce sentiment. Presque deux ans, donc, avant sa conversion d'octobre 1845, il était convaincu que l'Église d'Angleterre était en situation de schisme. Pourquoi mit-il alors si longtemps à « bouger », selon son propre terme ? Pourquoi le processus de conversion se prolongea-t-il autant ?

Une première raison se trouve incontestablement dans le tempérament profondément conservateur de Newman. En 1836, il avait jugé que c'était un devoir de « se soumettre aux circonstances extérieures dans lesquelles nous naissons » sauf, bien entendu, « là où intervient la conscience ». En 1841, il croyait toujours que c'était le principe du changement qui demandait à être justifié, déclarant qu'« il existe un argument *prima facie* contre les changements religieux importants ». Il conseillait systématiquement à d'autres personnes la patience, répétant maintes fois la formule *wait and see*. Il croyait aussi que, de manière générale, c'était une erreur « pour des *individus* de quitter une religion pour une autre – cela ressemble tant à un exercice du jugement personnel ».

Une deuxième raison se trouvait dans la crainte qu'il éprouvait d'être encore une fois dans l'illusion, comme il l'avait été au sujet de la *via media*. Cette illusion pouvait provenir, pensait-il, de l'existence en lui d'un péché qu'il ignorait ; d'où sa conviction de la nécessité absolue de la prière et d'une ascèse sévère. En 1841 il prévint une jeune femme dont il était devenu le directeur spirituel qu'il « ne fallait pas penser à une affaire aussi importante qu'un changement de religion » sans des années « de prière et de préparation » ; et ceux qui pensaient qu'il était nécessaire de « bouleverser les choses établies » devaient « montrer leur sérieux en étant disposés à souffrir ».

Un troisième facteur – qui était loin, pourtant, d'être le plus déterminant – était la conscience douloureuse du sacrifice énorme qu'entraînerait pour lui son départ de l'Église d'Angleterre. Ce sacrifice serait à la fois personnel et professionnel. Ses relations avec ses deux frères, Francis et Charles, étaient déjà très difficiles, à cause en partie de leurs convictions religieuses divergentes. Sa sœur aînée, Harriet, le rendait responsable de l'accès de « fièvre romaine » de son mari, Tom Mozley, que Newman parvint seulement à grand-peine à retenir en 1843 dans l'Église anglicane. Elle rompit alors définitivement toute relation avec son frère : ils ne devaient plus jamais se revoir ni s'écrire. Newman écrivit à Keble en novembre 1844 qu'il était pleinement conscient qu'en devenant catholique il « s'arracherait » à ses amis, à leur « bonne opinion » de lui, à sa propre « réputation d'intégrité », à ses « associations habituelles », à tout ce qui lui était cher; car dans le climat conflictuel de l'époque il n'était guère pensable que des catholiques et des anglicans continuent de se fréquenter. Il était aussi vivement conscient de la « douleur » et de la « détresse » qu'il allait causer à ses amis anglicans. Et puis, il serait obligé de quitter son cher Oxford (dont l'université faisait alors partie de l'*Establishment* anglican), d'abandonner son *fellowship* à Oriel College, de renoncer à sa position prestigieuse de prédicateur renommé, et sans doute aussi de perdre les revenus importants que rapportait la publication de ses sermons. Qu'est-ce qui pouvait le conduire à renoncer à tout cela, demanda-t-il à sa sœur cadette Jemima, sinon le sentiment du « devoir » et d'une « nécessité impérieuse »?

Une quatrième raison de l'hésitation de Newman était son ignorance de la réalité concrète de l'Église catholique romaine. Il déclara à un correspondant en novembre 1844 qu'il n'éprouvait « actuellement aucune sympathie pour les catholiques romains », ajoutant qu'il n'aimait pas ce qu'il entendait « dire d'eux ». Au même moment, il affirma à Keble qu'il tournait son visage « absolument du côté du désert », ajoutant un mois plus tard que personne ne pouvait avoir « une impression plus défavorable » que lui de « l'état actuel des catholiques romains ».

Il reconnaissait d'ailleurs franchement cette ignorance. Il n'avait « presque jamais, même à l'étranger », assisté à un office de l'Église catholique, et il ne connaissait personnellement aucun catholique. Son attrait pour l'Église de Rome se fondait purement et simplement sur des arguments intellectuels, sur le fait qu'il voyait en elle le reflet de l'Église des Pères. Quelques années plus tard il affirmerait, en effet, que « ce sont les écrits des Pères » qui constituèrent « l'unique cause intellectuelle de son renoncement à la religion dans laquelle il était né » et que, s'il « rallia l'Église catholique, c'est tout simplement parce qu'il la croyait être, elle seule, l'Église des Pères »[1].

---

1. On peut légitimement se demander, pourtant, pourquoi Newman ne se tourna pas vers l'Église orthodoxe qui revendiquait, plus encore que l'Église catholique romaine, son rattachement à « l'Église des sept premiers conciles ». On peut suggérer trois réponses à cette question. Tout d'abord, l'Église orthodoxe n'existait pratiquement pas en Europe occidentale à l'époque et ne constituait donc pas, pour Newman, une option pratique. Ensuite, vu l'hostilité de ce dernier envers toute forme de domination de l'Église par l'État, il est probable qu'il aurait récusé la domination, qui existait alors, des différentes Églises du monde orthodoxe par leurs États respectifs, celles-ci étant, tout autant que l'Église d'Angleterre, des Églises « nationales ». Enfin, son étude du concile de Chalcédoine au Ve siècle l'avait convaincu de l'autorité particulière, reconnue alors par tous, de l'évêque de Rome (en l'occurrence, saint Léon le Grand) en matière de doctrine.

Enfin, le catholicisme romain semblait présenter une difficulté *intellectuelle* majeure, alors que Newman avait à tout prix besoin que sa « raison » fût convaincue. Cette difficulté résidait dans ce que la tradition protestante et anglicane aimait appeler les « corruptions » introduites au cours des siècles par l'Église de Rome. Le terme s'appliquait à un ensemble de doctrines et de pratiques, tantôt officielles tantôt populaires, qui étaient venues peu à peu s'ajouter, croyait-on, au « dépôt » primitif de la foi. Les plus importantes de ces pratiques étaient le culte de la Vierge Marie et des saints, et parmi les doctrines celles du Purgatoire, du caractère « sacrificiel » de la messe, de la transsubstantiation, et du pouvoir pontifical absolu. Depuis de longues années, et encore pendant la période 1842-1844, c'était là la principale difficulté intellectuelle que Newman rencontrait dans le catholicisme romain. Il allait enfin la résoudre une fois pour toutes grâce à sa conception du « développement ».

Le rôle dans l'évolution de sa pensée de l'*Essai sur le développement de la doctrine chrétienne*

Certes, il n'inventa pas le concept du « développement » doctrinal. L'idée était présente, sous une forme ou sous une autre, depuis la théologie scolastique du Moyen Âge. Le terme même était largement connu dans les milieux intellectuels d'Oxford au début des années 1840. Chez Newman lui-même, l'idée se trouve déjà dans le deuxième des deux *Tracts* de 1834 consacrés à la *via media* ainsi que dans *La Fonction prophétique de l'Église* publié trois ans plus tard. Mais c'est surtout vers la fin de 1842 qu'il se pencha sérieusement sur cette question. Il en fit le sujet du dernier de ses *Sermons universitaires*. Prononcé en février 1843, ce long sermon portait le titre « La Théorie des développements dans la doctrine religieuse ».

Non content cependant de cette première approche, il se pencha de nouveau sur le sujet à la fin de 1844. La question qui se posait alors à lui de manière aiguë et urgente était celle-ci : les doctrines et pratiques du catholicisme romain, dont l'existence n'est explicitement attestée ni dans la Bible ni dans l'Église primitive, sont-elles des « ajouts » injustifiés, ou bien le fruit d'un processus continu de « développement » de ce qui était présent dès l'origine, mais uniquement, pour ainsi dire, « en germe » ?

Afin de résoudre une fois pour toutes cette question, il entreprit une vaste enquête historique ; et il prit la résolution, au cas où, à la fin de celle-ci, ses « convictions en faveur de l'Église romaine ne se trouveraient pas affaiblies », de prendre les « dernières dispositions pour être admis dans son sein ».

La rédaction de ce livre fut le fruit d'un labeur immense qui l'occupa de janvier à octobre 1845. La masse des matériaux le submergea presque ; jamais il n'avait écrit et réécrit tant de fois des pages et même des chapitres entiers. (Lui-même reconnut d'ailleurs le caractère peu satisfaisant, du point de vue formel, de l'ouvrage : ce fut le seul de ses livres anglicans dont il modifia substantiellement par la suite la forme.) Avant même de l'avoir achevé, cependant, il en arriva à être pleinement convaincu lui-même par la thèse qu'il examinait, et le livre fut publié – sous une forme inachevée – à la fin de 1845.

Cette publication de l'*Essai sur le développement de la doctrine chrétienne* constitua l'équivalent théologique de la parution, quatorze ans plus tard en 1859, de *L'Origine des espèces* de Charles Darwin. Inévitablement, on ne manqua pas, en particulier au moment de la crise moderniste dans l'Église catholique au début du XXe siècle, de faire des rapprochements entre la pensée des deux hommes. Mais il faut bien se garder de confondre la conception darwinienne de l'« évolution » et celle du « développement » proposée par Newman, malgré quelques ressemblances superficielles. Chez Darwin, il s'agit d'un processus de transformation continue qui aboutit à des formes de vie de plus en plus *éloignées* de leur origine. Un exemple suffit à le démontrer : l'homme a beau avoir pour ancêtre lointain l'amibe, protozoaire monocellulaire aquatique, la ressemblance entre les deux est infime. Pour Newman, en revanche, si le développement – qui est une condition normale et nécessaire de la vie de l'Église – donne sans cesse naissance à des *formes* nouvelles, il le fait en *continuité* avec l'origine et dans une *fidélité* à l'« idée » originaire. On a trop souvent cité l'une des phrases de l'*Essai sur le développement*, où Newman affirme avec panache que « vivre, c'est changer ; être parfait, c'est avoir changé souvent », en oubliant la phrase précédente, dans laquelle il déclare que si ce qu'il appelle l'« idée » du christianisme change, c'est « *afin de rester fidèle à elle-même* ». C'est en vue de vérifier cette continuité et cette fidélité que les deux tiers de l'ouvrage sont consacrés à un examen des sept « tests » ou « marques » proposés par l'auteur, qui permettent de distinguer entre « vrais » et « faux » développements. C'est peut-être la partie du livre ayant le plus de pertinence aujourd'hui.

La conception newmanienne du « développement » est également beaucoup plus complexe, plus riche et plus englobante que celle de tous ses prédécesseurs. Malgré le titre du livre, ce « développement » ne concerne pas seulement la doctrine chrétienne mais *toute la vie de l'Église* – ses doctrines, ses structures, sa vie sacramentelle, ses pratiques diverses. À une époque dominée par une théologie « fixiste » et intemporelle, la pensée de Newman repose sur un sens aigu de l'histoire et révèle une vision *dynamique* de la vie de l'Église.

Il est important aussi de saisir la nature exacte de sa conviction en faveur de l'Église catholique romaine. Il ne s'agissait pas pour lui d'affirmer que celle-ci était *identique* à l'Église primitive : les vastes connaissances historiques de Newman rendaient une telle idée impensable. L'Église catholique était simplement, à ses yeux, parmi toutes les formes existantes du christianisme, « celle qui se rapproche le plus (*is the nearest approximation*) de l'Église des Pères ». Cette affirmation dans l'*Essai* est suivie d'une évocation de deux des Pères pour lesquels il éprouvait une admiration particulière : « Imaginez que saint Athanase ou saint Ambroise reviennent soudain à la vie. Peut-il y avoir le moindre doute sur l'Église qu'ils reconnaîtraient pour la leur ? »

Enfin, il faut préciser ce que Newman entend par l'« idée » du christianisme, terme qui a donné naissance à bien des malentendus. Il faut reconnaître que sa pensée ici n'est pas toujours claire ; mais cela n'a finalement rien d'étonnant, car il s'efforçait de créer un nouveau *langage* théologique pour exprimer des idées nouvelles. En réalité, l'« idée » qui « se développe » progressivement au cours de l'histoire tout en restant fidèle à elle-même n'est pas un concept ou un principe abstrait, mais une source vivante de sainteté.

D'autres mots du vocabulaire newmanien permettent de mieux saisir cela. L'un des termes favoris employés par les tractariens avait été celui d'« *ethos* » (que Newman écrivait généralement en caractères grecs). Or, ce mot n'a pas seulement chez lui un sens moral, mais peut se traduire par « disposition *spirituelle* ». Ainsi, il affirme dans l'*Essai sur le développement* que l'Église catholique est, de toutes les Églises existantes, celle

> « qui se rapproche le plus, sinon tout à fait, du sentiment religieux, de l'*ethos* comme nous disons, de l'Église primitive, voire de celle des apôtres et des prophètes ; car tous seront d'accord en ceci : Élie, Jérémie, Jean-Baptiste et saint Paul, dans leur histoire et leur mode de vie [...], ces hommes saints et héroïques, dis-je, ressemblent plus à un Frère Prêcheur, ou à un Jésuite missionnaire, ou à un religieux Carme, plus à saint Turibe, saint Vincent Ferrier, saint François Xavier, saint Alphonse de Liguori qu'à aucun individu, à aucune catégorie d'hommes que l'on puisse rencontrer dans une autre communion ».

Tout compte fait, donc, l'« idée » du christianisme n'est pas, au sens habituel, une « idée », mais la *personne même du Christ*, vivant dans l'esprit et le cœur des hommes. Si Newman parle d'une « idée », c'est sans doute pour souligner le fait que le Christ a besoin de l'esprit de l'homme, dans lequel il vit. L'« idée » est ainsi, pourrait-on dire, à la fois une réalité *intellectuelle* et une réalité *spirituelle*.

Conversion et… continuité

À l'approche du mois d'octobre 1845, Newman s'apprêta à faire la démarche devenue désormais inéluctable. Le 3 octobre, il envoya au président d'Oriel College sa lettre de démission de son *fellowship*. Il écrivit également à de nombreux amis pour les prévenir de l'imminence d'un changement (mais il n'allait expédier ses lettres qu'une fois le pas franchi). Plusieurs membres de la communauté de Littlemore avaient déjà été reçus dans l'Église catholique. L'un d'entre eux, Dalgairns, l'avait été par le père Dominique Barberi, religieux passioniste italien alors en mission en Angleterre, dont la sainteté personnelle avait vivement frappé Newman. Dalgairns invita le père Dominique à venir à Littlemore lors d'un passage à Oxford. Il arriva le 8 octobre au soir, ses vêtements complètement trempés après avoir voyagé pendant des heures sur l'impériale d'une diligence sous une pluie battante. Il faisait sécher ses vêtements devant un feu de cheminée, lorsque Newman entra, s'agenouilla devant lui et lui demanda d'entendre sa confession générale puis de le recevoir dans l'Église catholique. Cette confession dura une partie de la nuit et le père Dominique lui proposa de la terminer le lendemain matin. Le 9 octobre, Newman fit aussi son acte d'abjuration de sa foi anglicane et reçut le baptême « sous condition » (telle était alors la règle à l'égard des autres confessions chrétiennes). Il fut alors reçu, avec deux autres membres de sa communauté, dans la pleine communion de l'Église catholique romaine.

Cet événement déclencha une vague de conversions dans les milieux intellectuels anglais. Dans les années qui suivirent, plusieurs centaines de *fellows* et d'anciens étudiants d'Oxford et de Cambridge quittèrent l'Église d'Angleterre pour celle de Rome. Le mouvement allait se poursuivre, de manière moins spectaculaire mais à un rythme plus ou moins régulier, jusqu'à nos jours. Dans le monde catholique anglophone, Newman reste encore aujourd'hui la figure par excellence du « converti ».

Il est d'autant plus important, donc, de préciser la nature exacte de cette « conversion ». Dans le contexte de l'époque, où les relations entre les différentes confessions chrétiennes étaient extrêmement tendues, le mot prenait facilement une connotation polémique. Il fut brandi par bien des catholiques, en parlant de Newman, d'une manière triomphaliste, sa « conversion » étant présentée comme une « preuve » de la vérité ou de la supériorité du catholicisme.

En réalité, l'expérience de 1845 se situe dans le prolongement de celle de 1816 comme, à une échelle moins importante, dans celui d'autres événements de la vie de Newman, le plus important étant l'expérience sicilienne de 1833 – tous ces événements comportant une dimension *spirituelle* essentielle. Indépendamment de tout raisonnement théologique, en demandant à entrer dans l'Église catholique romaine Newman reconnaissait simplement en celle-ci l'Église qui, parmi toutes les confessions chrétiennes qu'il connaissait, constituait la plus pleinement un véhicule de la grâce divine.

L'emploi du mot « conversion » pour désigner l'événement d'octobre 1845 peut alors se justifier dans la mesure où l'entrée de Newman dans l'Église catholique se fit au prix d'énormes sacrifices personnels et allait couper sa vie en deux. Mais s'il convient de souligner la rupture *personnelle* vécue alors, il faut insister aussi sur la *continuité* intellectuelle et spirituelle : c'est ce que l'auteur lui-même chercherait à démontrer tout au long de l'*Apologia*. Son départ de l'Église d'Angleterre pour celle de Rome ne fut nullement l'occasion d'une rupture sur ces deux derniers plans, mais plutôt, pour reprendre son propre terme, celle d'un « développement ». On peut même dire sans exagération qu'en devenant catholique, il conserva ce qu'il avait reçu de meilleur à la fois de l'*Evangelicalism* et de la tradition de la *Haute Église* anglicane, tout en l'insérant dans un cadre plus large, plus riche et plus complet.

Deux témoignages éloquents de Newman lui-même confirment cette conclusion. Le premier introduit le dernier chapitre de l'*Apologia* :

> « Lors de ma conversion, je n'ai pas eu conscience qu'un changement intellectuel ou moral s'opérât dans mon esprit. Je ne me sentais ni une foi plus ferme dans les vérités fondamentales de la Révélation, ni plus d'empire sur moi-même ; je n'avais pas plus de ferveur, mais il me semblait rentrer au port après avoir traversé une tempête [...]. »

Le second témoignage, qui concerne l'apport de l'*Evangelicalism*, se trouve dans une lettre adressée par Newman trois ans avant sa mort au secrétaire de la *London Evangelization Society*, où il écrit :

> « Je ne terminerai pas notre correspondance sans témoigner de mon amour profond de l'Église catholique romaine et de mon adhésion à elle. [...] Et si je voulais donner une raison pour cette dévotion entière et absolue, que dois-je dire, que puis-je dire, sinon que ces grandes et brûlantes vérités que j'ai apprises, encore jeune, de l'enseignement *evangelical*, je les ai trouvées imprimées sur mon cœur avec une force neuve et toujours plus grande par l'Église catholique romaine. Cette Église a ajouté au simple *Evangelicalism* de mes premiers maîtres, mais elle n'en a rien obscurci, dilué, ni affaibli. »

Saint Philippe Neri, fondateur de l'Oratoire.

6

Saint Philippe Neri et l'Oratoire

Interrogations concernant l'avenir

Devenu maintenant catholique, qu'est-ce que Newman allait faire de sa vie ? Il pensa momentanément revenir à l'état laïque. Mais il voulait surtout servir sa nouvelle Église en tant que prêtre, en utilisant tous ses dons humains et intellectuels. Et il voulait aussi, dans la mesure du possible, garder intact le petit groupe d'amis et de disciples qui s'était constitué autour de lui, et dont plusieurs avaient partagé sa vie à Littlemore.

La dimension internationale de sa nouvelle Église le plaçait cependant dans une situation radicalement différente de celle qu'il avait connue jusqu'alors. Il avait été pendant plus de dix ans l'un des hommes les plus écoutés et les plus influents de l'Église d'Angleterre. Mais celle-ci était une institution purement nationale : comment allait-il trouver sa place dans sa nouvelle Église aux dimensions internationales, où le monde anglophone pesait alors relativement peu, la langue anglaise elle-même étant pratiquement inconnue des instances romaines ? (En 1846, pour mieux faire connaître sa pensée et justifier de son orthodoxie, Newman fit traduire en français un choix de ses *Sermons universitaires*.) En effet, l'Angleterre avait encore le statut de « pays de mission » et allait dépendre de la Congrégation pour la Propagation de la Foi (*Congregatio de Propaganda Fide*) jusqu'en 1903.

Les quatre mois qui suivirent sa conversion en octobre 1845 se passèrent à Littlemore. Mais Newman vit clairement l'ambiguïté de sa présence en ce lieu. Lorsqu'en février 1846 l'évêque coadjuteur du District des Midlands, Nicholas Wiseman, lui proposa de s'installer avec ses amis dans les bâtiments de l'ancien collège d'Oscott, rebaptisé par Newman *Maryvale* (« Vallon de Marie »), situé à une dizaine de kilomètres de Birmingham, il accepta cette offre. La disposition de l'église, qui mettait en relief le tabernacle, permit à Newman de découvrir un élément de la spiritualité catholique qu'il ignorait jusque-là : la prière devant le Saint Sacrement. Cette « bénédiction incompréhensible » d'avoir « la présence corporelle du Christ dans sa maison » produisit sur lui « l'impression profonde de la religion comme un fait objectif ». La forme de prière ainsi découverte allait devenir un élément important de sa propre vie spirituelle.

En avril, on décida de l'envoyer avec Ambrose St John, l'un de ses anciens compagnons de Littlemore, faire des études de théologie à Rome, au « Collège de la Propagande », qui était le séminaire des pays de mission. Les deux hommes partirent le 1er septembre 1846 pour Rome, *via* Londres, Paris et Milan. Ce fut de nouveau l'occasion pour Newman de découvrir avec émerveillement la « Présence réelle » dans les églises qu'ils visitèrent. Ces visites suscitèrent de nouveau la réflexion qu'il « n'avait jamais su ce qu'était le culte, en tant que fait objectif, avant de devenir catholique ». Il s'agissait là d'une « religion réelle » – possédant un caractère objectif, ou une existence concrète – et « non d'une simple opinion ».

Les deux Anglais allaient rester à Rome jusqu'en décembre 1847. Ce fut pour Newman l'occasion de découvrir avec consternation la médiocrité de la formation théologique romaine à l'époque, et l'inexistence d'une philosophique catholique digne de ce nom. Mais cela lui permit aussi de mieux connaître la réalité concrète de sa nouvelle Église et d'arriver à une décision sur la forme de vie qui conviendrait le mieux à ses disciples et à lui-même.

Il trouva la réponse à cette dernière question dans l'Oratoire de saint Philippe Neri, fondé à Rome au XVIe siècle. C'est Wiseman qui, le premier, lui suggéra cette solution. Mais Newman connaissait ce saint avant même de devenir catholique : « la beauté et l'éclat » de son caractère avaient « gagné sa dévotion » quand il était encore « protestant ». Désormais, la personne de Philippe et l'institut qu'il avait fondé allaient être inséparables dans son esprit.

Trois facteurs déterminèrent ce choix : la personne même de saint Philippe ; la situation personnelle de Newman en tant que converti de l'anglicanisme, ancien universitaire d'Oxford et chef de file d'un groupe de disciples ; et la situation « missionnaire » de l'Angleterre au milieu du XIXe siècle. Mais Newman n'était pas homme à se décider subitement, et plus d'une année allait s'écouler avant son choix définitif.

Il écarta d'emblée l'idée de devenir simple prêtre diocésain, estimant que « les prêtres séculiers avaient pour fonction de maintenir en place un système », alors qu'« un ordre religieux était la seule solution pour convertir un pays ». Il réfléchit donc d'abord à l'idée de fonder une « école de théologie » ou un séminaire, puis à celle de créer une nouvelle congrégation qui s'appellerait la « Congrégation de la Très Sainte Trinité » ayant un apostolat de type intellectuel. La découverte que sa pensée exprimée dans l'*Essai sur le développement de la doctrine chrétienne* suscitait de sérieuses réserves chez certains théologiens à Rome et ailleurs le conduisit à abandonner ces deux projets. Il regarda alors du côté de plusieurs ordres religieux existants : les rédemptoristes, les lazaristes, et surtout les dominicains et les jésuites dont l'apostolat intellectuel l'attirait. Mais ses contacts avec les dominicains en Italie le déçurent – le renouveau de l'ordre inauguré par Lacordaire en France en 1840 n'avait pas encore gagné l'Italie – et il voyait, sans doute un peu hâtivement, dans l'ordre des Prêcheurs « une grande idée qui s'est éteinte ». Quant aux jésuites, il finit par les juger trop timides intellectuellement et déplorait ce qu'il croyait être leur « suspicion profonde à l'égard de tout *changement* » et leur « incapacité totale de créer quoi que ce soit de *positif* pour répondre aux besoins de l'époque ». Il craignait aussi de cesser d'être lui-même en entrant dans un ordre qui avait une telle exigence de discipline et de soumission, affirmant : « Si je suis jésuite [...] personne ne saura que je parle en mon propre nom ou que je suis, en quelque sorte, une *continuation* de mon moi d'autrefois. »

Ce fut donc plusieurs mois après son arrivée à Rome que l'idée de l'Oratoire l'emporta finalement dans son esprit. En décembre 1846, il fit une visite en compagnie de St John à l'Oratoire de Rome, dont la bibliothèque et les appartements lui firent penser à un collège d'Oxford. En janvier 1847, il commença une neuvaine de prières afin de déterminer si sa « vocation » était vraiment à l'Oratoire. Leurs études de théologie au Collège de la Propagande ayant pris fin, Newman et St John furent ordonnés prêtres dans l'Église catholique le 30 mai 1847. Les scrupules de Newman qui, peu de temps avant, était loin d'être persuadé de l'invalidité de ses ordres anglicans, furent surmontés par l'assurance que sa nouvelle ordination serait, du moins implicitement, « conditionnelle ».

Un mois plus tard, avec quelques autres membres de la communauté de Maryvale venus les rejoindre, ils commencèrent un noviciat oratorien à l'abbaye cistercienne de la Sainte Croix, sous la direction du père Rossi de l'Oratoire de Rome. Ce noviciat fut remarquable par sa brièveté – cinq mois seulement – et par l'absence de contenu. Mais Newman profita de cette période pour se documenter sur saint Philippe Neri et sur l'institution qu'il avait fondée, lisant tous les ouvrages alors disponibles, en latin et en italien. Il trouva aussi le temps d'écrire un roman satirique sur Oxford au temps du Mouvement, s'amusant beaucoup en le rédigeant; *Perte et gain, histoire d'un converti* fut publié en 1848. Enfin, le bref pontifical autorisant la fondation de l'Oratoire en Angleterre fut accordé par le pape Pie IX, qui permit quelques légères modifications à la Règle de saint Philippe en vue de son adaptation à ce pays.

Newman et saint Philippe Neri : une rencontre surprenante ?

À première vue, la rencontre entre Newman et saint Philippe peut paraître surprenante. Entre l'intellectuel anglais apparemment austère du XIXe siècle et le Florentin joyeux et apparemment fantaisiste du XVIe, que pouvait-il y avoir de commun ? Il faut dépasser cependant ces images simplistes et trompeuses, car au-delà des différences réelles ou apparentes bien des choses unissaient les deux hommes.

Tous deux se voulaient, de manière tout à fait consciente, des rénovateurs de l'Église de leur époque grâce à un retour aux *sources*. Tous deux accordaient une place centrale dans leur vie et leur enseignement à la prière (le nom donné aux « exercices » créés par Philippe, et à la congrégation destinée à les perpétuer, l'*oratorio*, désigne à l'origine un lieu de prière). Tous deux joignaient à ce côté contemplatif un souci pastoral profond. Tous deux étaient attirés par l'idéal monastique, tout en restant pourtant *dans* « le monde » : ce fut la mission de saint Philippe, selon Newman, comme celles de saint Ignace de Loyola et de saint François de Sales, de « sauver les hommes, non pas du monde, mais dans le monde ». Tous deux faisaient preuve aussi d'une attitude positive envers la culture de leur époque, alors même qu'ils travaillaient à transformer celle-ci « de l'intérieur » : ainsi que le disait Newman, Philippe préférait « laisser couler le fleuve de la science, de la littérature, de l'art et de la mode, et en diriger le courant, adoucissant et sanctifiant ce que Dieu avait fait très bon et que l'homme avait gâté ». Loin d'être simplement le fantaisiste qu'on a trop souvent vu en lui, Philippe, qui aimait dire qu'« un saint triste est un triste saint », était un homme habité par une joie profonde qui provenait d'une source surnaturelle. Newman voyait en lui « l'un des esprits les plus joyeux, équilibrés, paisibles qui aient jamais été donnés à l'Église », et lui-même souhaitait que ses compagnons à l'Oratoire « aient en eux beaucoup de joie de vivre », car il fallait être joyeux « afin de convertir les jeunes ». Enfin, tous deux préféraient agir par le contact direct et personnel, par le « cœur à cœur » entre personnes, ou ce que Newman aimait appeler l'« influence personnelle ».

La conception newmanienne de l'Oratoire

Mis à part l'attrait éprouvé par Newman pour la personnalité de Philippe, pour quelles raisons avait-il choisi l'institut fondé par celui-ci ? Ces raisons nous révèlent toutes, en effet, quelque chose de Newman lui-même.

L'Oratoire représentait pour lui un retour à la simplicité de la vie des premiers temps de l'Église, qu'il voyait illustrée en particulier par les premiers moines. Ceux-ci vivaient « dans des communautés indépendantes les unes des autres », ils « étaient établis en un seul lieu », les vœux « ne constituaient pas un élément nécessaire de leur état de vie », leurs « liturgies étaient simples », ils « vivaient dans l'obscurité » et « accordaient une importance particulière à la prière et à la méditation ». Comme dans la tradition bénédictine, l'entrée à l'Oratoire impliquait une « stabilité », et chaque Oratoire était autonome. Mais les oratoriens ne prononçaient pas de vœux et ne s'engageaient pas pour la vie. Chacun était libre de garder ses biens personnels (Newman tenait à sa bibliothèque !) et pouvait quitter l'institut quand il le voulait. La « règle » de l'Oratoire était souple et légère, prescrivant « à peine plus qu'il n'est nécessaire pour la simple cohésion de la vie communautaire », l'amour fraternel devant en effet « prendre la place des vœux ». Cette liberté ne rendait pourtant pas, aux yeux de Newman, la vocation oratorienne plus facile que celle des religieux. Il citait saint Philippe, qui disait que tous les oratoriens « doivent imiter la perfection des religieux, bien qu'ils ne les imitent pas en prononçant des vœux ». Il insistait aussi sur le fait que l'amour fraternel, qui était une « disposition très céleste » et le « fondement spécial de l'Oratoire », apparaissait « extrêmement difficile » et exigeait un apport « surnaturel » qui ne pouvait être que le fruit de la prière. La dimension spirituelle de l'existence oratorienne était à ses yeux primordiale.

L'Oratoire représentait aussi aux yeux de Newman une « voie médiane » et un « trait d'union » entre les instituts religieux et la condition du prêtre diocésain. Il était apte ainsi à assurer « la formation de bons prêtres séculiers, qui seront une bénédiction pour les populations au milieu desquelles ils seront envoyés, et constitueront en même temps une norme à atteindre pour le clergé paroissial ou les missionnaires ». Il se distinguait par un esprit profondément démocratique, toutes les décisions importantes devant faire l'objet d'un vote par l'ensemble des pères, tandis que son caractère très ouvert laissait toute sa place à la diversité de ses membres et favorisait l'épanouissement des dons de chacun. De plus, il offrait un modèle de vie communautaire très familial : la communauté devait être « le *home* de l'oratorien. [...] Visages familiers inspirant le respect, rapports quotidiens, connaissance mutuelle des habitudes, amour réciproque, qu'est-ce que tout cela sinon la description d'un *home* ? ». Enfin, Newman voyait une ressemblance frappante entre une communauté de l'Oratoire et un collège d'Oxford. Dans un discours adressé aux membres de l'Oratoire anglais naissant, il développe – avec humour – ce parallèle dans les termes suivants :

> « Je dirai maintenant en un mot quelle est l'institution la plus proche d'une congrégation oratorienne que je connaisse : c'est un des collèges des Universités anglicanes. Prenez ce collège, détruisez la maison du président, supprimez son épouse et ses enfants et faites-le réintégrer le corps des

> *fellows*, changez la religion de protestante en catholique, et donnez au président et aux *fellows* un travail missionnaire et pastoral, et vous avez devant les yeux une congrégation de saint Philippe. »

Il n'y avait aucune place cependant dans cette conception de la communauté pour un individualisme égoïste. Newman aimait citer deux des maximes de Philippe, selon lesquelles tous devaient « *se faire* à la Sainte Communauté » et « celui qui veut vivre *à sa façon* n'est pas fait pour la Congrégation ». Il insistait même sur le fait que, si l'oratorien pouvait garder ses biens personnels, il lui fallait mettre inconditionnellement ses *dons* et ses *talents* au service de la communauté, si bien que personne ne devait « être son propre maître » ou « vivre seulement pour lui-même ».

Enfin, il était frappé et attiré par le caractère apparemment indéterminé et imprévisible du développement historique de l'Oratoire. Philippe lui-même n'avait jamais prévu de rien fonder, une communauté s'étant créée spontanément autour de sa personne : ce fut le pape Grégoire XIII qui imposa à cette communauté un statut canonique clairement défini. La « Règle » de l'Oratoire n'était pas l'œuvre de Philippe mais le fruit des délibérations successives de ses disciples, ce qui lui conférait un caractère très empirique. Dans le contexte « missionnaire » de l'Angleterre, ces caractéristiques paraissaient à Newman constituer un atout majeur : il estimait que ses amis et lui ne pourraient pas « trouver de projet plus large ou plus souple que l'Oratoire ».

La fondation de l'Oratoire anglais et les relations difficiles entre Newman et Faber

Newman et ses compagnons quittèrent Rome à la fin de 1847. Le 1er février 1848, le premier Oratoire du monde anglophone fut fondé à Maryvale, Newman y admettant neuf membres : cinq prêtres récemment ordonnés, un novice, et trois frères lais. Le 14 février, les rangs de la communauté furent grossis par l'arrivée, contre la volonté de Newman mais sur l'insistance de Wiseman, de Frederick William Faber et des membres de sa communauté des « Frères de la Volonté de Dieu ».

Arguant d'une allusion dans le bref pontifical à un apostolat auprès des « classes cultivées », Faber plaidait pour une installation de l'Oratoire à Londres. Newman, qui aurait personnellement préféré Londres à Birmingham, estimait néanmoins que le bref l'obligeait à rester à Birmingham, sacrifiant ainsi au désir de respecter la volonté du pape la plus grande influence qu'il aurait pu exercer dans la capitale. Il souhaitait aussi, à côté de ses activités intellectuelles, exercer un ministère pastoral auprès des masses populaires des nouvelles villes industrielles (ce qui l'amena, quelques années plus tard, à rappeler vertement que « les gens de Birmingham ont, eux aussi, une âme »).

La communauté quitta Maryvale au début de 1849, et plusieurs de ses membres s'installèrent provisoirement dans une ancienne distillerie située dans un quartier populaire et misérable de Birmingham. Cette « mission » connut un grand succès : l'assemblée du dimanche soir rassemblait six cents personnes, cent enfants furent inscrits aux cours de catéchisme, des conférences furent données le soir deux fois par semaine, et de nombreuses conversions eurent lieu. Cette même année, Newman et St John coururent au secours des victimes de la terrible épidémie de choléra qui sévissait alors. En mai 1849, un deuxième Oratoire fut ouvert à Londres dans le quartier du Strand ; il fut transféré en 1853 dans le quartier aisé de Brompton. Une séparation effective entre les deux Oratoires se produisit en octobre 1850 et Faber fut élu supérieur de Londres. Une séparation formelle s'ensuivit en 1856. Entre-temps, l'Oratoire de Birmingham s'était installé définitivement, en 1852, dans le faubourg d'Edgbaston.

Dès le début, les rapports entre Newman et Faber furent difficiles. Tout en professant à plusieurs reprises sa « soumission » totale au premier, Faber afficha très vite une volonté d'indépendance. Lui et sa communauté de Londres en vinrent vite à s'opposer à Newman et même à le dénigrer. Cette opposition sournoise était d'autant plus pernicieuse que Faber avait l'oreille de Wiseman, devenu en 1850 archevêque de Westminster et primat de l'Église catholique en Angleterre. Et Wiseman, à son tour, avait l'oreille de Rome. Les agissements de Faber et de ses compagnons furent une source d'irritation constante pour Newman jusqu'à la mort de Faber en 1863.

En dehors de ce conflit de personnalités, un certain nombre d'autres facteurs séparaient les deux hommes. Faber prônait le modèle italien d'une séparation totale entre les différents Oratoires, alors que Newman estimait que la situation « missionnaire » de l'Angleterre imposait des liens étroits. (Il avait même rêvé au départ, momentanément, de la création d'un réseau de communautés situées dans les principales villes de l'Angleterre, analogue à l'Oratoire fondé par Bérulle en France au XVIIe siècle.) Faber estimait que la fidélité à saint Philippe exigeait une imitation aussi étroite que possible des *formes* de piété du XVIe siècle; pour Newman il s'agissait au contraire, tout en restant fidèle à l'« idée » originelle de saint Philippe, de « développer » celle-ci en l'adaptant à l'Angleterre du XIXe siècle. Faber voulait introduire des dévotions considérées par Newman comme « importées » et « italiennes », alors que ce dernier, à la fois par tempérament et par conviction, voulait un catholicisme de caractère résolument « anglais ». Faber faisait preuve, aux yeux de Newman, d'un « enthousiasme » exagéré, utilisant un langage au sujet des saints et de leurs miracles, et prônant des formes de dévotion à la Vierge Marie, qui ne pouvaient que heurter la sensibilité de ses concitoyens anglicans et protestants ; ce dernier, en revanche, était soucieux de ne pas choquer la sensibilité de ses anciens coreligionnaires. Enfin, leurs visions respectives de l'Église différaient profondément, Faber étant partisan d'une conception centralisatrice et autoritaire de l'Église, alors que la conception de Newman était beaucoup plus nuancée.

Le nouvel élan donné par Newman à l'Oratoire de saint Philippe Neri

Newman apporta une contribution majeure à l'évolution de l'Oratoire. Après une période d'expansion très rapide aux XVIe et XVIIe siècles, l'institution créée par saint Philippe était, au milieu du XIXe siècle, sinon moribonde du moins très réduite en effectifs et peu dynamique, à l'exception de quelques communautés en Italie du Nord. Mais à partir de sa fondation en Angleterre en 1848, l'Oratoire allait connaître peu à peu un renouveau important. Ce fut la découverte par un groupe de séminaristes, à Innsbruck en 1921, d'une traduction allemande du sermon prêché par Newman en 1850 sur « La Mission de saint Philippe Neri » qui conduisit à la refondation de l'Oratoire en Allemagne en 1930. Et, au cours des cent dernières années, à partir de l'Allemagne comme de l'Angleterre, de nombreux autres Oratoires de saint Philippe Neri ont été fondés, aux États-Unis, au Canada, dans plusieurs pays d'Amérique latine, en Afrique du Sud, et en France. Si saint Philippe est incontestablement le premier fondateur de l'Oratoire qui porte son nom, on peut légitimement considérer Newman comme son refondateur à l'époque contemporaine.

Bibliothèque de Newman à l'Oratoire de Birmingham.

7

Défenseur du catholicisme et recteur d'université

Prédicateur et polémiste

Les années 1848-1852 furent pour Newman une période de grande productivité littéraire. Quelques semaines seulement après son retour à Maryvale en 1848, il commença à prêcher une série de huit sermons paroissiaux, abandonnant après le deuxième la pratique anglicane qui consistait à lire un texte écrit, pour parler plus directement et plus spontanément à son auditoire. (Ce choix nous a valu, hélas, d'avoir beaucoup moins de textes de sermons pour la période catholique que pour la période anglicane !) Une nouvelle série de sermons fut publiée en 1849 sous le titre *Discours prononcés devant des assemblées mixtes,* le mot « mixte » désignant une assemblée rassemblant des membres de différentes confessions chrétiennes. Le style est souvent moins sobre ici que dans ses sermons anglicans – Newman reconnut lui-même que ces sermons étaient « plus rhétoriques » que les précédents. Le recueil contient néanmoins bon nombre de sermons d'une grande beauté et d'une grande profondeur.

En 1850, les oratoriens de Londres lui demandèrent de prononcer une série de conférences dans leur église. Il hésitait quant au contenu à leur donner, et c'est, comme si souvent dans sa vie, un événement extérieur qui vint lui fournir la réponse. Une dispute avait éclaté au sein de l'Église d'Angleterre lorsqu'un évêque avait démis de ses fonctions l'un des membres de son clergé qui refusait de souscrire à la doctrine de la « régénération baptismale » – doctrine qui faisait partie de l'ecclésiologie de la *Haute Église* mais qui était rejetée par le parti *Evangelical*. Le *Privy Council*, la plus haute instance judiciaire du pays, fut saisi de l'affaire. Le 9 mars 1850, celui-ci décréta que la régénération baptismale ne faisait pas partie des doctrines essentielles de l'anglicanisme, et ordonna à l'évêque de rétablir le curé, un certain M. Gorham, dans ses fonctions. Comme ce fut le cas pour Newman avec l'affaire de l'évêché de Jérusalem, l'« affaire Gorham » constitua pour beaucoup d'anglicans une manifestation éclatante de l'asservissement de leur Église à l'État. L'incident produisit une nouvelle vague de conversions au catholicisme, dont celle de Henry Edward Manning, qui allait succéder à

Wiseman comme cardinal archevêque de Westminster. Il détermina aussi le choix du sujet des conférences de Newman, qui décida de s'adresser aux anciens sympathisants de ce qu'il appelait le « Mouvement de 1833 ». Son objectif n'était pas tant de leur prouver la vérité du catholicisme que d'enlever les obstacles que beaucoup voyaient dans certaines doctrines et pratiques de l'Église catholique – d'où le titre, *Conférences sur certaines difficultés rencontrées par des anglicans dans l'enseignement catholique*. Il s'agissait aussi, pour le conférencier, de démontrer que l'Église catholique représentait l'aboutissement logique vers lequel tendait tout le Mouvement.

Les sept premières conférences comportent une polémique dirigée contre des positions qui avaient été celles de Newman lui-même une dizaine d'années auparavant. La dureté de certains de ses propos choqua beaucoup d'anglicans (que Newman appelle maintenant systématiquement des « protestants »). Dans les cinq dernières conférences, il esquisse avec une franchise étonnante un portrait des abus que, de son propre aveu, l'on rencontrait parfois dans des pays catholiques. Son but ici est de montrer que ces abus ne représentent pas nécessairement un argument contre la vérité du catholicisme.

À la suite de la publication de ces conférences, Rome décerna à leur auteur un doctorat pontifical en théologie. Désormais, pendant presque trente ans et jusqu'à son élévation au cardinalat, on allait l'appeler « le Dr Newman ».

L'année suivante, il prononça une nouvelle série de conférences pour défendre le catholicisme, mais dans une tout autre veine. Il est nécessaire, pour bien saisir la portée de cet ouvrage, de connaître la situation des catholiques en Angleterre à ce moment-là de leur histoire.

Situation des catholiques en Angleterre

Au début du XIXe siècle, les catholiques formaient en Angleterre une minorité obscure et méprisée que les historiens situent à entre 1 % et 2 % de la population. Ils se trouvaient principalement dans des régions éloignées du centre du pouvoir, regroupés souvent autour de quelques familles nobles restées fidèles, malgré trois siècles de persécutions, à la foi catholique. Ils vivaient dans l'obscurité, cherchant à ne pas se faire remarquer dans un monde resté hostile à leur égard.

Par une ironie de l'histoire, c'est la Révolution française qui, dans son acharnement contre l'Église catholique, contribua à modifier cette situation. Plusieurs milliers de prêtres français se réfugièrent alors en Angleterre. En même temps que la haine du christianisme et les atrocités et profanations commises par les révolutionnaires choquèrent profondément l'opinion publique anglaise, le spectacle de la misère, mais aussi de la dignité, de ces prêtres suscita une vague de sympathie à leur égard. Il fallut attendre pourtant plus de trente ans pour voir le premier résultat concret de ce changement d'attitude, au niveau législatif, tellement l'Angleterre s'enfonça pendant toute la période révolutionnaire et napoléonienne dans un conservatisme rigide. Après plusieurs efforts législatifs avortés, les années 1828-1829 virent enfin l'acceptation par le Parlement d'un ensemble de mesures restituant aux catholiques (ainsi qu'aux protestants « dissidents ») leurs droits civils : l'abrogation des divers *Test Acts* – qui limitaient jusque-là aux seuls anglicans l'accès au Parlement, à la fonction publique et à l'armée – et d'un certain nombre de mesures favorisant spécifiquement ce qu'on appelait l'« émancipation » des catholiques. En 1836, catholiques et protestants « dissidents » obtinrent également le droit de se marier selon leur propre rite, seul le rite anglican ayant été jusque-là autorisé. Mais l'accès, ou l'obtention de diplômes, aux universités d'Oxford et de Cambridge restaient limités jusqu'en 1854 aux seuls signataires des *Trente-neuf articles* anglicans ; et les dernières mesures discriminatoires à Oxford n'allaient disparaître finalement qu'en 1871.

En même temps, la situation démographique évolua rapidement, surtout à partir du milieu des années 1840, avec un afflux massif d'immigrés catholiques fuyant la terrible famine qui frappait alors l'Irlande (selon un historien, le nombre de catholiques en Angleterre serait passé, entre 1760 et 1851, de 80000 à 750000). La plupart des nouveaux arrivants étaient analphabètes et vivaient dans une misère extrême. À leur nombre vinrent s'ajouter plusieurs milliers de convertis de l'anglicanisme dans le sillage du Mouvement d'Oxford, sortis des rangs des classes cultivées. Mais les catholiques restaient une minorité fortement déconsidérée dans le pays. Et il existait entre les trois groupes qu'ils formaient – ceux qu'on appelait les « vieux catholiques », la masse des catholiques d'origine irlandaise, et les « convertis » – des tensions importantes.

En dehors des rangs des « convertis », en effet, trois siècles de persécution et de discrimination avaient créé chez les catholiques anglais plusieurs caractéristiques auxquelles Newman lui-même allait se heurter : une peur de toute forme de « visibilité » ; une grande timidité intellectuelle, qui confinait parfois à l'obscurantisme et maintenait les catholiques en dehors des principaux courants intellectuels de leur époque ; et, en Irlande au moins, un cléricalisme très marqué, qui plaçait les laïcs dans une situation de dépendance totale vis-à-vis du clergé.

Le mois de septembre 1850 vit la restauration par Rome de la hiérarchie catholique en Angleterre, que le nouvel archevêque de Westminster et primat de l'Église anglaise, Nicholas Wiseman, eut l'imprudence d'annoncer de manière tonitruante et triomphale dans une lettre pastorale largement diffusée. Si cette restauration donna aux catholiques une confiance accrue en leur propre statut, elle provoqua une réaction violente parmi la population anglicane et protestante. Il y eut des émeutes dans plusieurs villes, des prêtres catholiques furent victimes de harcèlements et parfois de violences physiques, et le Premier ministre lui-même ajouta sa voix aux nombreuses dénonciations de l'« agression papale ».

C'est cette réaction violente qui fournit le contexte de la nouvelle série de conférences prononcées par Newman en 1851, dans la Halle au blé de Birmingham, devant un public nombreux venu d'horizons divers. Ses *Conférences sur la situation actuelle des catholiques en Angleterre* représentent le point culminant du déploiement de ses dons de polémiste, et constituent un chef-d'œuvre d'ironie et de satire. (Ceux qui passaient devant la porte de la Halle au blé furent surpris d'entendre d'énormes éclats de rire venant de l'intérieur.)

Le procès Achilli

Dans une de ces conférences, Newman exerça sa verve satirique contre un ex-dominicain italien,

Giacinto Achilli, qui avait été expulsé de son ordre à cause de ses mœurs scandaleuses (il avait séduit de nombreuses femmes et jeunes filles) et qui avait fui son pays pour échapper à la justice. Prétendant être une victime de l'Inquisition romaine et ayant maintenant renié le catholicisme en faveur du protestantisme, il avait été engagé par l'*Evangelical Alliance* en 1850, au moment de l'« agression papale », pour dénoncer publiquement les turpitudes du catholicisme. Newman l'attaqua férocement sur la base d'informations fournies par Wiseman.

Contre toute attente, l'*Evangelical Alliance* intenta contre Newman un procès pour diffamation. Avec l'incroyable inefficacité qui allait de plus en plus le caractériser, Wiseman s'avéra incapable de trouver les documents qui justifiaient ses propres accusations, et Newman dut envoyer chercher en Italie, à ses propres frais, des témoins parmi les anciennes victimes d'Achilli. L'affaire traîna pendant seize mois et constitua pour lui une épreuve terrible. Face à un tribunal farouchement anticatholique, il voyait s'ouvrir la perspective de l'emprisonnement. Il fut effectivement jugé coupable, fit appel, et fut de nouveau condamné. Mais l'amende qu'il dut payer – de cent livres seulement – fut une somme dérisoire qui représentait symboliquement un quasi-acquittement. Il remporta donc une victoire morale et se trouva gratifié du soutien de très nombreux catholiques à travers le monde, qui contribuèrent massivement au paiement de ses frais et de son amende. L'affaire l'avait cependant complètement épuisé, et il confia à un ami qu'il pensait maintenant être « entré dans l'automne » de sa vie.

L'Université catholique d'Irlande

En 1851, l'archevêque d'Armagh et futur cardinal archevêque de Dublin, Paul Cullen, demanda à Newman de prononcer une série de conférences à Dublin pour lancer le projet de création d'une université destinée aux catholiques du pays. Quelques mois plus tard, il lui demanda aussi de devenir le recteur de la future Université catholique d'Irlande.

Newman hésita à accepter ces deux propositions, pour deux raisons : il connaissait mal l'Irlande ; et ses fonctions de recteur l'obligeraient à de longues absences de son Oratoire à Birmingham qui n'avait que trois ans d'existence et était encore fragile. S'il finit par accepter, c'est parce qu'il s'était toujours senti appelé à exercer des fonctions éducatives. Un an après sa conversion de 1845, il avait rêvé de la création d'un « institut de théologie », mais avait dû renoncer à l'idée en découvrant que certaines de ses idées théologiques étaient alors considérées à Rome avec suspicion. Il déplorait la pauvreté de l'éducation catholique, tant laïque que cléricale, conséquence, selon lui, de la Révolution française qui, en fermant presque partout en Europe les anciennes universités, avait détruit les « écoles de théologie », si bien que même à Rome, à l'exception du jésuite Giovanni Perrone, il ne se trouvait guère de théologien digne de ce nom.

Lorsque la hiérarchie catholique fut restaurée en 1850, il jugea cette action inopportune, déclarant qu'il fallait aux catholiques anglais « des séminaires bien plus que des évêchés ». Alors que la hiérarchie catholique, à Rome et en Angleterre, se souciait uniquement du *nombre* des conversions, il déclara que l'« objectif premier » n'était pas le nombre mais la « formation des catholiques ». Il ajouta que les convertis devaient être « préparés pour l'Église » tout comme celle-ci devait, de son côté, être « préparée à recevoir les convertis ». Après sa conversion, Newman ne cessa de se battre pour élever le niveau de formation des catholiques, tant prêtres que laïcs, estimant que c'était leur manque d'éducation et de culture qui les maintenait en Angleterre dans un statut de citoyens de seconde zone. Il était donc indispensable d'« améliorer les conditions, la position de l'ensemble des catholiques en leur donnant des conceptions plus justes, en élargissant et en raffinant leurs esprits, en un mot : par l'éducation ».

La proposition de Cullen ouvrit alors à Newman de vastes perspectives. Il se mit à rêver que la future Université catholique d'Irlande deviendrait un jour « l'université catholique pour le monde anglophone tout entier ».

Il prononça donc en 1852 à Dublin une série de cinq conférences, devant un public qui représentait tout ce que la ville comptait alors d'*intelligentsia*. Malgré ses inquiétudes – il détestait parler devant un public qu'il ne connaissait pas – les conférences reçurent un très bon accueil. Elles furent publiées à la fin de l'année, avec quatre autres « conférences » qui n'avaient pas été prononcées, sous le titre de *Conférences sur l'éducation universitaire*, avant de prendre dans l'édition définitive le nom de *L'Idée d'université*. Certaines des idées de l'auteur concernant l'éducation universitaire ont incontestablement vieilli ; mais d'autres, parmi les idées-forces du livre, n'ont rien perdu de leur pertinence. Newman traite des rapports entre « foi » et « culture » (comme nous dirions aujourd'hui), entre religion et morale ou éthique, entre morale chrétienne et morale humaniste, et entre la théologie et les autres « branches » du savoir. En particulier, il insiste longuement sur l'interconnexion entre tous les domaines de la connaissance, et sur la nécessité de parvenir à ce qu'il appelle une « vue connectée » de toutes choses. C'est dans l'acquisition de cette capacité intellectuelle, quelle que soit la discipline étudiée, qu'il voit la vraie finalité de toute éducation universitaire, affirmant que « ne pas connaître le *rapport* qui existe entre les différents éléments de l'univers est l'état des esclaves ou des enfants ».

Ces conférences contiennent également le célèbre portrait du *gentleman*, le mot désignant ici un idéal culturel et non pas un phénomène socio-économique[1]. Newman reconnaît qu'à l'époque moderne, la « civilisation » paraît plus apte à créer cet idéal que le christianisme, mais il met en garde contre toute identification automatique du *gentleman* et du chrétien, en dépit des ressemblances extérieures. Car l'idéal représenté par le premier comporte de réels dangers lorsqu'il se trouve coupé de toute référence réelle à Dieu : là où les chrétiens « regardent au-dehors d'eux-mêmes », « au travers et au-delà de leur propre esprit vers leur Créateur », le *gentleman* reste enfermé en lui-même et finit par être « victime d'une intense autocontemplation ».

Newman s'attela ensuite à la tâche énorme que constituait la création de la nouvelle université. S'inspirant des constitutions de l'université de Louvain, récemment refondée par les évêques belges, il en rédigea les statuts, cherchant à concilier ce qu'il y avait de meilleur, à ses yeux, dans le système anglais (le principe des collèges et le système du tutorat) et dans les systèmes continentaux. Il s'occupa de l'achat de terrains et de locaux, de la création de facultés (la faculté de médecine devint vite la gloire de l'université), de la nomination des professeurs, de la construction d'une église, de la création d'une revue (la *Catholic University Gazette*) destinée à faire connaître

1. Selon l'un des sens du terme, le *gentleman* était celui qui n'était pas obligé de travailler pour gagner sa vie !

les progrès de l'institution, et d'une autre revue plus spécialisée consacrée à la publication des résultats des recherches scientifiques. Toute cette activité montre en Newman un esprit éminemment pratique et organisateur, en même temps qu'un penseur et un théoricien.

Il trouva aussi le temps d'écrire pour la *Catholic University Gazette* une série d'articles, publiés en volume en 1856 sous le titre *La Fonction et le travail des universités*. Il prononça encore de nombreuses conférences, publiées en 1859 sous le titre *La Portée et la nature de l'éducation universitaire* et intégrées en 1873 à *L'Idée d'université*.

Dès le départ, cependant, des problèmes surgirent avec l'archevêque de Dublin et les autres évêques irlandais. Ceux-ci étaient loin d'être d'accord entre eux concernant le projet. Aucun d'entre eux n'avait reçu une formation universitaire, et aucun ne savait vraiment ce qu'était une université ; mais ils étaient habitués à se comporter en maîtres absolus même dans des domaines où ils n'avaient aucune compétence. Newman avait expliqué dans ses conférences de 1852 qu'une université « n'est ni un couvent ni un séminaire ; c'est un endroit où l'on prépare à la vie du monde des hommes du monde ». En revanche, Cullen voyait plutôt dans l'université une forme de séminaire, et il fut consterné par la liberté que Newman accordait aux étudiants : il se plaignit auprès des autorités romaines que « des jeunes gens sont autorisés à sortir à toute heure, à fumer, etc. » et qu'« aucun horaire précis n'a été fixé pour l'étude ». Certains évêques furent scandalisés aussi par le fait que Newman permettait aux étudiants de jouer au billard et de monter à cheval. Enfin, l'archevêque de Dublin acceptait mal la volonté du recteur de nommer des laïcs aux différentes chaires d'enseignement et à des postes clés dans l'administration. Exaspéré par ces attitudes, Newman fut amené à déclarer, dans une belle image caricaturale, que, dans la tradition de l'Église catholique irlandaise, les laïcs étaient « traités en petits garçons bien sages à qui on ordonnait de fermer les yeux et d'ouvrir la bouche ».

En plus de ces désaccords, il était frustré par l'absence de réponse à ses lettres adressées à Cullen, et avait l'impression d'être parfois traité par l'archevêque d'une manière hautaine et autoritaire, « comme un de ses sujets ». Ce n'est qu'en 1854, deux ans après sa nomination comme recteur, qu'il fut officiellement installé dans ses fonctions, et cela grâce à un bref pontifical exigeant des évêques irlandais qu'ils passent à l'action. Newman pensait aussi que Cullen avait fait échouer un projet conçu par Wiseman, qui avait proposé au pape de faire du nouveau recteur un évêque *in partibus infidelium* afin d'accroître son autorité et de faciliter sa tâche. Pie IX était favorable à l'idée, et la nouvelle de l'élévation de Newman à l'épiscopat commença à se répandre. Il reçut de nombreuses félicitations, dont celles de l'évêque de Birmingham, Ullathorne, et les oratoriens de Londres lui achetèrent trois mitres.

Aussi réelles cependant que fussent les frustrations ressenties par Newman pendant ces années, des recherches récentes montrent le caractère infondé de certaines de ses accusations contre l'archevêque. Il ne comprit jamais l'extrême complexité de la situation irlandaise, les rivalités profondes entre les évêques – McHale, l'archevêque de Tuam dans l'ouest de l'Irlande, s'opposant systématiquement aux projets de l'archevêque de Dublin et faisant tout son possible pour les saboter –, ou encore les difficultés éprouvées par Paul Cullen, dont l'action fut souvent paralysée par cette opposition. En réalité, l'archevêque, qui fut l'une des grandes figures de l'Église catholique irlandaise de la seconde moitié du XIXe siècle et l'architecte principal d'un renouveau profond du catholicisme dans son pays, ne perdit jamais son admiration sincère et profonde pour Newman.

Quoi qu'il en soit, celui-ci, frustré par le manque de soutien des évêques et fatigué des interminables voyages entre Birmingham et Dublin, finit par démissionner en 1858 de son poste de recteur. Le reste de sa vie allait se dérouler dans et autour de son Oratoire à Birmingham. Quant à l'Université catholique d'Irlande, malgré tous les efforts de son premier recteur elle ne connut qu'un succès relatif et ne vécut qu'une trentaine d'années, avant d'être absorbée en 1882 par la nouvelle *Royal University of Ireland* créée par le gouvernement britannique.

L'Oratory School

Un dernier projet éducatif de Newman fut la création d'une école de garçons rattachée à l'Oratoire. L'initiative venait d'amis laïques, presque tous convertis comme lui de l'anglicanisme, qui étaient navrés de constater le faible nombre des écoles catholiques en Angleterre et leur relative médiocrité. Les six établissements existants, dont trois étaient tenus par des bénédictins ou des jésuites, faisaient office à la fois de collège et de petit séminaire, l'enseignement y étant conçu surtout en fonction des futurs clercs. Il y régnait une discipline à la fois sévère et mesquine : les autorités « espionnaient » les élèves, contrôlaient étroitement leurs fréquentations et leur interdisaient des lectures « profanes » susceptibles de les « corrompre » moralement.

À la différence des « vieux catholiques », les « convertis » ne se satisfaisaient pas de cette situation. Ils souhaitaient une séparation entre éducation laïque et éducation cléricale, estimant qu'un collège devait assurer une formation plus large qu'une simple éducation morale et religieuse, et devait développer chez ses élèves les qualités nécessaires à une future carrière dans le monde. Ils considéraient la mentalité qui régnait dans les établissements existants et la forme de piété qu'on y cultivait comme « importées » du catholicisme continental et trop peu « anglaises ». Étant eux-mêmes presque tous sortis des *public schools* anglicanes, ils souhaitaient la création d'un équivalent catholique : comme le disait un ami de Newman, Sir John Simeon, ce qu'il fallait, c'était « Eton sans sa perversité et avec en plus l'inculcation de la foi catholique ». Enfin, ils tenaient à ce que la réalisation de ce projet fût confiée à Newman, car en devenant catholique celui-ci n'avait pas renié son identité anglaise, à la différence de certains autres convertis qui semblaient résolus à « dénationaliser le catholicisme anglais, en proposant à sa place l'imitation de quelque modèle étranger » !

En dépit de ses hésitations, car il n'avait aucune expérience de l'éducation secondaire, Newman accepta la proposition. En avril 1858, la décision officielle fut prise de créer cette école, dont le but serait de former une élite qui prendrait sa juste place dans les affaires de la nation (Newman précisa qu'il s'agirait de « l'éducation des fils de *gentlemen* »), et en 1859 l'Oratory School ouvrit ses portes. Elle adopta le système de l'internat, en répartissant les élèves entre différentes « maisons ». Une place importante y était accordée à l'enseignement des matières « profanes » : littérature, langues étrangères, sciences, mathématiques, à côté d'un enseignement moral et religieux dont Newman lui-même se chargeait. L'école proposait aussi des activités sportives et associatives destinées à favoriser l'épanouissement personnel des élèves, que Newman cherchait à préparer à une liberté responsable en mettant l'accent sur les valeurs du devoir, de la loyauté et de l'honneur, plutôt qu'en leur inculquant une obéissance aveugle à des « règles ».

Malgré – ou peut-être plutôt à cause de – ces belles ambitions, l'Oratory School connut beaucoup de difficultés. Elle fut l'objet d'attaques ouvertes et de calomnies sournoises de la part des autres écoles catholiques. Mais l'opposition vint surtout de la hiérarchie catholique anglaise, qui craignait l'influence sur les jeunes des idées trop « libérales » de Newman.

À la longue cependant, celui-ci finit par gagner son pari qui était de créer un modèle d'école qui inciterait les autres établissements catholiques à changer. L'Oratory School réussit à élever le niveau général des écoles catholiques et à faire évoluer les mentalités : dès 1865, six ans après sa création, Newman put constater avec satisfaction qu'elle avait eu pour effet de rendre les autres écoles, « même les écoles jésuites », « moins continentales dans leur manière de faire et plus anglaises, par exemple en faisant confiance aux élèves et en abandonnant l'espionnage ». Elle finit aussi par former un nombre considérable d'hommes qui jouèrent un rôle important dans la vie politique, économique et militaire du pays.

Newman vers 1865, à l'époque de l'*Apologia*.

8

Nouvelles épreuves, nouveaux triomphes

L'affaire du *Rambler*

La période qui va du milieu des années 1850 à 1864 fut pénible pour Newman. Après les frustrations de ses efforts pour créer une université catholique à Dublin, il dut faire face à de nouvelles manifestations de méfiance de la part de la hiérarchie catholique, à l'exception de son évêque, Ullathorne, avec qui s'était créé, après quelques difficultés au départ, un climat de bonne entente.

En août 1857, le cardinal Wiseman le chargea, au nom de l'épiscopat anglais, de réaliser une nouvelle traduction en anglais de la Bible. Alors qu'il commençait à répartir les différentes tâches et à engager des traducteurs, Wiseman et les autres évêques semblèrent se désintéresser de l'entreprise. Plusieurs évêques des États-Unis, qui avaient en vue un projet similaire, voulaient proposer une collaboration à

Newman. Mais Wiseman, qui semblait s'être « lavé les mains de toute l'affaire », ne transmit même pas à Newman les lettres venant des États-Unis, et le projet resta lettre morte.

Le comble de ses épreuves survint en 1859, avec l'affaire du *Rambler* (« Le Randonneur »), une revue catholique dirigée par deux laïcs, Richard Simpson et le futur lord Acton qui allait devenir un historien de renom. Les deux hommes avaient des idées bien trop « libérales » aux yeux de la hiérarchie catholique, et Simpson surtout adoptait volontiers une attitude provocante. Au début de 1859, les évêques obligèrent ce dernier à démissionner et demandèrent à Newman de le remplacer, croyant qu'il serait plus « sûr » que son prédécesseur. Newman accepta pour sauver la revue, car il tenait le *Rambler* en haute estime tout en regrettant les excès de son directeur, voyant en elle un moyen précieux d'élever le niveau intellectuel des laïcs catholiques. Mais il n'accepta qu'à contrecœur, considérant sa charge comme une « mortification extrême » et « un mauvais rêve ». En même temps que son travail de directeur, il écrivit aussi plusieurs articles pour la revue.

Dès son premier numéro, en mai 1859, il s'attira les foudres de certains membres de la hiérarchie en évoquant la manière dont Pie IX avait « consulté » les fidèles quand il avait préparé, quelques années plus tôt, la définition dogmatique de l'Immaculée

Conception. Le pape avait en effet écrit aux évêques du monde entier pour leur demander de l'informer de l'état d'opinion de leurs fidèles concernant cette croyance. Newman avait beau expliquer qu'il employait le mot « consulter » au sens où l'on « consulte » un baromètre pour connaître les conditions atmosphériques, son article suscita de vives protestations de la part de ceux qui divisaient l'Église en deux parties totalement distinctes : l'« Église enseignante », constituée des évêques et des prêtres, et l'« Église enseignée », constituée de l'ensemble des laïcs dont le rôle était, à leurs yeux, purement passif. Même l'évêque de Birmingham ne le soutint pas, pour une fois, en cette occasion. Dans un entretien avec Newman, il lui demanda avec irritation : « Qui sont donc les laïcs ? », à quoi son interlocuteur répondit « à peu près » que « l'Église aurait l'air bien sotte sans eux ».

Pour se justifier pleinement, Newman publia dans son deuxième numéro de juillet un long essai intitulé « De la consultation des fidèles en matière de doctrine ». Il y expliquait le rôle du *consensus fidelium*, le témoignage uni de l'ensemble des fidèles, laïcs autant que clercs, à travers les siècles. C'était le principe même énoncé par saint Augustin, dans la formule *securus judicat orbis terrarum*, « c'est la terre tout entière qui juge avec sûreté », qui avait joué un rôle si important dans sa propre conversion au catholicisme. Pour illustrer sa pensée, l'auteur évoquait la manière dont, au moment de la crise arienne au IVe siècle, le peuple chrétien avait joué un rôle essentiel dans la sauvegarde de la foi trinitaire alors qu'une majorité des évêques d'Orient, cédant à des pressions politiques, avaient basculé dans le camp de l'arianisme, qui niait la divinité du Christ. Il alla jusqu'à dire qu'il y eut alors « une suspension temporaire des fonctions de l'Église enseignante » et que « le corps épiscopal faillit dans sa confession de la foi ». Il en tirait la conclusion, pour sa propre époque, que la volonté de faire jouer aux laïcs un rôle purement passif conduirait « dans les classes cultivées, à l'indifférence, et, chez les plus pauvres, à la superstition ». Historiquement, la démonstration de Newman était irréfutable ; mais dans le climat de plus en plus autoritaire de l'époque, cette vérité était insupportable à la hiérarchie, et l'un des évêques, le jugeant coupable d'hérésie, le dénonça aux autorités romaines.

Apprenant que son article avait fait l'objet d'une délation à Rome, Newman demanda en toute humilité de pouvoir expliquer sa position, qu'il savait être parfaitement orthodoxe. Rome lui envoya, par l'entremise de Wiseman, une liste de passages qu'on le sommait d'expliquer. Mais l'archevêque – que ce fût volontairement ou par simple inadvertance, en tout cas avec une légèreté incroyable – négligea de lui communiquer cette liste, dont Newman ignorait totalement l'existence. Le « silence » de ce dernier fut alors interprété à Rome comme un refus obstiné et orgueilleux de s'expliquer, ce qui lui valut d'y être tenu en suspicion pendant presque huit ans. Le représentant des évêques anglais auprès du Saint-Siège, Mgr Talbot (un arriviste que Newman avait refusé plusieurs années auparavant d'admettre à l'Oratoire, et qui ne cachait pas son mépris à l'égard des laïcs, dont le « domaine propre » consistait, selon lui, « à aller à la chasse et à se divertir »), alla jusqu'à déclarer que « le Dr Newman est l'homme le plus dangereux d'Angleterre ».

Cette disgrâce à Rome – dont il ignorait complètement les raisons – pesait lourdement sur lui. Il se sentait vieux. La mort de plusieurs de ses amis intimes l'oppressait particulièrement. Néanmoins, il continuait de correspondre avec une foule de personnes, hommes et femmes, en leur prodiguant des conseils pleins de bon sens et d'humour. Sa correspondance révèle en effet qu'il n'avait rien perdu de son humour, qui prenait parfois une forme saugrenue et tournait facilement à la satire. Cet humour servait d'exutoire à ses sentiments de frustration, mais il jouait aussi un rôle proprement spirituel en permettant à Newman de prendre de la distance par rapport à ses propres souffrances.

Il se reprochait toutefois son apparente incapacité d'écrire des livres, et s'inquiétait de l'état de son Oratoire, qui en 1864 ne comptait plus que sept prêtres. Des rumeurs fantastiques circulaient à son sujet. Une partie de l'opinion catholique mettait en doute sa loyauté envers Rome, alors que certains anglicans et protestants prétendaient qu'il était sur le point de revenir à l'anglicanisme ou bien de sombrer dans l'incroyance. Le bruit courait même que le célèbre « perverti clérical » avait sombré dans le scepticisme et vivait maintenant à Paris, qui symbolisait pour l'Angleterre victorienne l'immoralité et l'irréligion ! En outre, il était mis dans une situation intolérable par des catholiques « libéraux » comme Acton et Simpson, qui se réclamaient de lui pour justifier leur opposition au parti « ultramontain » dont l'influence grandissait chaque jour. Au fur à mesure, en effet, que le pouvoir temporel du pape diminuait, du fait de l'unification progressive de l'Italie, un nombre croissant de catholiques influents lui attribuait un pouvoir spirituel et moral presque sans bornes. Du fait qu'ils regardaient « par-dessus les Alpes » vers Rome, on désignait leur attitude sous le nom d'« ultramontanisme ». Certains d'entre eux allaient faire preuve d'une hostilité grandissante envers Newman.

Son moral semble avoir été au plus bas en janvier 1863, date à laquelle il nota dans son journal intime cette réflexion particulièrement amère :

> « Combien ma vie est triste et solitaire depuis que je suis catholique ! Là se situe le contraste : comme protestant, je trouvais ma

> religion triste, mais pas ma vie ; mais comme catholique, c'est ma vie qui est triste, pas ma religion. »

Cependant, il allait bientôt rebondir, de manière spectaculaire.

Le défi de Kingsley et la naissance de l'*Apologia*

En janvier 1864, le pasteur anglican et romancier populaire Charles Kingsley (qui était aussi à l'époque chapelain de la reine Victoria et professeur d'histoire moderne à l'université de Cambridge) glissa dans la recension anonyme d'un livre d'histoire, parue dans le *Macmillan's Magazine*, ces propos perfides :

> « L'amour de la vérité pour elle-même n'a jamais été une vertu aux yeux du clergé romain. Le père Newman nous informe qu'il n'est pas nécessaire qu'il le soit, et, somme toute, qu'il ne doit pas l'être. »

Comment expliquer l'animosité de Kingsley ? Des raisons personnelles y jouaient certainement un rôle : Kingsley avait subi l'influence de Newman à Oxford plus de vingt ans auparavant avant de se rétracter, et avait empêché de justesse la jeune fille qu'il voulait épouser, et qui était influencée par les tractariens, d'entrer dans un couvent. Il y eut aussi peut-être, pour une part, un conflit de générations, celle de Kingsley, partisane d'un « christianisme musclé » et impérialiste s'opposant vigoureusement à la génération « romantique » qui était censée être celle de Newman. Mais on peut voir tout autant dans l'attitude de Kingsley simplement une expression de la haine viscérale et ancestrale ressentie par presque tous les Anglais depuis trois cents ans envers l'Église de Rome, qu'ils percevaient comme une puissance étrangère tyrannique et sinistre.

Depuis sa conversion au catholicisme, Newman avait essuyé bien d'autres insultes et calomnies ; pourquoi donc se décida-t-il alors à réagir ? Une première raison fut sans aucun doute la mise en cause non seulement de son propre honneur mais de celui aussi du clergé catholique tout entier. La renommée de Kingsley y était aussi sans doute pour quelque chose : il représentait un adversaire de taille. Mais surtout, celui-ci lui fournissait l'occasion qu'il attendait depuis presque vingt-cinq années de suspicions, de malentendus et de condamnations. Dès le *Tract 90*, en 1841, Newman avait été l'objet de méfiances et d'insinuations de la part de ses anciens coreligionnaires anglicans, attitude que sa conversion de 1845 n'avait fait que renforcer : beaucoup voyaient en lui un dissimulateur qui, tout en faisant semblant d'être anglican, s'était mis secrètement au service de l'Église catholique. Ensuite, bien des événements de sa vie catholique avaient été également une source de frustrations et d'humiliations : les soupçons jetés dès l'*Essai sur le développement* sur l'orthodoxie de sa pensée, son échec relatif comme recteur de l'Université catholique d'Irlande, en raison de l'attitude des évêques irlandais ; le manque de soutien des évêques anglais au projet avorté d'une nouvelle traduction de la Bible ; l'affaire du *Rambler* et la suspicion dont il était désormais l'objet à Rome ; et l'opposition des oratoriens de Londres, sous la conduite de Faber et du parti « ultramontain ». L'attaque de Kingsley était la goutte d'eau qui faisait déborder le vase. Il lui fallait maintenant s'expliquer et se justifier aux yeux de tous.

Il demanda, par l'entremise du directeur de la revue, des explications et des excuses. Kingsley refusa de se rétracter, et un échange de lettres, courtois mais vif, s'ensuivit entre les deux hommes. Kingsley y fit de vagues allusions, sans aucune référence précise, à l'un ou l'autre sermon prêché à St Mary's vingt ou vingt-cinq ans plus tôt. Excédé, Newman finit par publier cette correspondance, suivie d'un brillant commentaire satirique. Kingsley commit alors l'imprudence de lancer une nouvelle attaque contre son adversaire, qui décida alors de changer de tactique. Il ne pouvait plus en rester à un simple échange de pamphlets satiriques, mais devait se justifier par un récit circonstancié qui montrerait la continuité et la cohérence de l'évolution de sa pensée religieuse depuis son enfance jusqu'à son entrée dans l'Église catholique romaine en 1845. Il expliqua lui-même son intention en ces termes :

> « Il faut, me dis-je, que je donne la véritable explication de toute ma vie ; il faut que je montre ce que je suis, pour qu'on voie ce que je ne suis pas, et que le fantôme qui bredouille à ma place puisse être exterminé. Je veux que l'on connaisse en moi l'homme vivant et non pas un épouvantail vêtu de mes habits. [...] Je veux vaincre, non pas mon accusateur mais mes juges. [...] Je ferai, dans un tableau aussi poussé que possible, l'histoire de mes états d'esprit successifs. »

Le résultat fut, bien entendu, sa célèbre *Apologia pro vita sua, ou histoire de mes opinions religieuses*, devenue l'un des classiques de l'autobiographie religieuse et souvent comparée, à juste titre, aux *Confessions* de saint Augustin. Le livre – de plus de cinq cents pages dans l'édition originale – fut rédigé en l'espace de sept semaines, au prix d'un effort surhumain. Newman passa jusqu'à seize heures d'affilée par jour, et une fois même vingt-deux heures, debout devant son pupitre à écrire. Il se plaignit à un correspondant que ses doigts

« marchaient » presque trente-cinq kilomètres par jour. En 1863, il avait renoué des contacts avec d'anciens amis anglicans, qu'il sollicita maintenant pour lui obtenir des copies de lettres écrites vingt ou trente ans auparavant afin de pouvoir vérifier ses propres souvenirs. Les sept parties du livre furent d'abord publiées en feuilleton, à un intervalle d'une semaine seulement. La tension vécue par l'auteur pendant ce temps fut extrême, et à la fin il s'effondra, totalement épuisé.

L'*Apologia* connut un remaniement important entre sa première édition de 1864 et la deuxième, parue l'année suivante. À l'origine, les deux premiers chapitres poursuivaient la polémique contre Kingsley et constituaient un nouveau chef-d'œuvre satirique de la part de l'auteur. Mais, après avoir triomphé de son adversaire immédiat, Newman se montra magnanime dans la victoire et supprima toutes les allusions personnelles. Le nom même de Kingsley ne figure nulle part désormais dans l'ouvrage.

Le livre est donc composé essentiellement d'un récit autobiographique destiné à démontrer, par une accumulation de faits et de documents, l'intégrité de l'auteur et la continuité de l'évolution de sa pensée. Le ton est serein et parfois confidentiel, ce qui rend certains passages profondément émouvants. On fit d'ailleurs remarquer à Newman que son « récit » avait « plus d'effet » que tous ses « arguments ».

Mais la veine polémique est loin d'avoir disparu pour autant. Tout d'abord, comme le titre l'indique, l'ouvrage possède dans son ensemble un but clairement apologétique. Et dans le dernier chapitre, intitulé « État de mon esprit depuis 1845 », Newman réagit non seulement contre ses accusateurs protestants et anglicans mais aussi contre ses adversaires catholiques.

Il répond aux premiers en reprenant un thème qui lui était cher, et qui avait déjà provoqué un scandale dans les conférences intitulées *Difficultés rencontrées par des anglicans* en 1850. Pour illustrer la vraie nature de la foi, il avait proposé l'exemple d'une vieille mendiante sale et menteuse, et avait affirmé que, si elle avait malgré tout le regard tourné vers Dieu et plaçait sa confiance en lui, elle avait plus de chances d'être sauvée qu'un *gentleman* anglais croyant se suffire à lui-même et refusant donc implicitement l'aide de la grâce – l'essentiel étant, en effet, de reconnaître notre propre « manque » et notre besoin de Dieu. Il défend aussi le dogme de l'Immaculée Conception, promulgué dix ans auparavant, en 1854, qui scandalisait tant le monde protestant. Il illustre et exalte, face à ses détracteurs, la riche tradition casuistique qui faisait partie de la théologie morale de l'Église catholique. Il insiste sur la continuité parfaite entre sa foi anglicane et sa foi catholique. Il affirme le bien-fondé de la doctrine du péché originel que la théologie protestante « éclairée » commençait alors à nier. Il exprime sa conviction que seule l'Église catholique constitue un bastion capable de résister à la vague montante de l'incroyance. Il défend la doctrine de l'infaillibilité de l'Église (tout en insistant aussi, cependant, sur la primauté, chez les catholiques, de la liberté de conscience). Enfin, il souligne l'intégrité et le souci de la vérité des prêtres catholiques.

Se tournant ensuite vers ses critiques et adversaires catholiques, il défend avec éloquence le rôle des théologiens, qui doivent jouir selon lui de la même liberté de recherche et d'expression qu'aux siècles passés. Ayant défendu le principe de l'infaillibilité de l'Église, il en définit maintenant soigneusement les paramètres et les limites. Il en appelle à la création d'un catholicisme spécifiquement anglais, par opposition à une piété « italienne » et à toutes les formes de dévotion « importées ». Enfin, il s'en prend vigoureusement au « parti ultramontain », qu'il qualifie de « parti ultra violent, qui exalte les opinions en dogmes et qui a surtout à cœur l'objectif de détruire toute autre école d'opinion que la sienne ».

Ces dernières remarques ne pouvaient que heurter les membres dudit parti ultramontain, dont le futur archevêque de Westminster, Manning, et un ancien disciple du Mouvement d'Oxford, W. G. Ward, étaient maintenant les chefs de file. (Ce dernier personnage, haut en couleur, était célèbre pour ses déclarations tonitruantes : il exprima un jour le désir de recevoir tous les matins une nouvelle bulle pontificale avec son exemplaire du *Times* !) Les deux hommes devinrent désormais des adversaires résolus de Newman.

Mais dans le pays en général, l'*Apologia* connut un succès extraordinaire, immédiat et durable. Son auteur fut largement réhabilité dans l'opinion publique anglaise, même ceux qui ne partageaient pas ses vues se trouvant obligés de reconnaître son intégrité. Newman retrouva ainsi en partie la position d'honneur et d'influence qui avait été autrefois la sienne. En même temps, l'ensemble des catholiques anglais bénéficia dans une certaine mesure de ce revirement d'opinion.

Retour sur la scène catholique

La publication de l'*Apologia* marqua aussi le retour de Newman sur la scène publique catholique. Mais ce ne fut pas sans de nouvelles frustrations. En août 1864 on lui proposa l'achat d'un terrain à Oxford, et son évêque évoqua l'idée d'une « mission » dans cette ville, qui serait confiée à l'Oratoire. Le projet reçut le soutien de nombreux laïcs catholiques qui voulaient voir leurs fils faire des études à l'université la plus prestigieuse du pays. Mais Manning et les autres évêques s'y opposèrent fermement, refusant le principe de l'« éducation mixte », de peur que des étudiants catholiques ne perdent leur foi au contact de l'anglicanisme d'Oxford, et craignant l'influence de Newman sur les jeunes. L'affaire fut aussi l'occasion de nouvelles calomnies contre lui à Rome. Après de multiples démarches et négociations, le projet s'effondra et Newman dut revendre quelques années plus tard le terrain qu'il avait acheté. Il eut la satisfaction de recevoir un soutien massif de la part de l'aristocratie catholique du pays : une pétition signée par une centaine de personnes exprimait leur « gratitude pour tout ce que nous vous devons ». À Manning et à ses alliés, en revanche, Newman apparaissait comme la figure de proue d'une conspiration aristocratique.

Il fut peiné aussi par l'encyclique de Pie IX, *Quanta cura*, publiée en décembre 1864, avec son *Syllabus* condamnant quatre-vingts « erreurs » qui comprenaient « le progrès, le libéralisme et la civilisation moderne ». Il critiqua sévèrement l'anti-intellectualisme et l'obscurantisme du parti ultramontain et de Rome. Mais en 1865 Manning succéda à Wiseman comme archevêque de Westminster. Son objectif semblait être, selon Newman, de rendre l'Église catholique en Angleterre « plus romaine que Rome ». Il défendait avec acharnement le pouvoir temporel du pape sur les États pontificaux, et voulait en faire un article de foi pour les catholiques.

Contrecarré par Manning, Ward et le parti ultramontain, Newman se réjouissait pourtant de retrouver plusieurs de ses anciens amis anglicans. Deux d'entre eux, Rogers et Church, lui offrirent un violon, instrument qu'il avait beaucoup pratiqué autrefois mais dont il n'avait pas joué depuis seize ans. Il en fut ravi, la musique ayant toujours été pour lui une source de joie profonde. Ses retrouvailles avec Keble, qu'il n'avait pas rencontré depuis vingt ans, furent émouvantes ; et il revit aussi Pusey, avec qui ses rapports furent cordiaux bien que moins chaleureux. Maladroitement, celui-ci attaqua la même année, dans son *Eirenicon*, la dévotion catholique envers la Vierge Marie, qu'il identifiait à tort avec les excès de Faber. La réponse de Newman, dans sa *Lettre à Pusey* de 1865, fut l'occasion d'une exposition magistrale du véritable enseignement de l'Église catholique au sujet de Marie. Elle lui valut les félicitations élogieuses de plusieurs membres du clergé, y compris de l'évêque qui l'avait dénoncé à Rome en 1859 ! Ce ne fut pas le cas cependant de Manning, et encore moins de Talbot à Rome, qui déclara que « pour un Anglais, être romain demande un effort. Le Dr Newman est plus anglais que les Anglais. Il faut l'écraser ». Paradoxalement, cette opposition eut pour effet de rehausser le prestige de Newman aux yeux des mêmes « vieux catholiques » qui s'étaient tant méfiés de lui et des autres « convertis » quelques années auparavant.

Enfin, une visite à Rome en 1867 par son fidèle ami et confrère Ambrose St John réussit à dissiper le malentendu qui remontait à la publication en 1859 de l'essai *De la consultation des fidèles en matière de doctrine*. St John put montrer au cardinal Barnabò, secrétaire de la Congrégation pour la Propagation de la Foi, une copie de la lettre envoyée à Wiseman en 1860 où Newman exprimait sa volonté sincère d'expliquer tous les passages incriminés, lettre que Wiseman avait « négligé » de transmettre à Rome. Barnabò en fut stupéfié, se rendant compte enfin de l'injustice commise à l'égard de Newman. À partir d'août 1867, donc, la bonne réputation de celui-ci fut enfin rétablie à Rome.

Le succès de l'*Apologia* inaugura aussi une nouvelle période de production littéraire. En 1865, la même année que la deuxième édition de l'*Apologia* et la *Lettre à Pusey*, Newman fit paraître un long poème dramatique, *Le Rêve de Gerontius*, qui fut également bien reçu du public. Trois ans plus tard, en 1868, il le republia avec l'ensemble de son œuvre poétique de la période anglicane, sous le titre de *Verses on Various Occasions*. Ce volume suscita lui aussi de nombreux éloges. Enfin, la même année il fit republier, par les soins de son ami anglican William Copeland, les huit volumes de ses *Sermons paroissiaux* anglicans, sans y changer un mot, convaincu que les quelques modifications nécessaires pour assurer une conformité parfaite avec la doctrine catholique auraient été minimes et qu'il valait mieux ne pas toucher au texte. Cette réédition connut un succès immense, et on fit remarquer à

Newman que parmi les acheteurs figuraient bon nombre de protestants : son public commençait à revêtir un caractère œcuménique.

Au cours des dix années à venir, il allait republier l'ensemble de son œuvre anglicane, en ajoutant souvent des préfaces et des notes explicatives mais sans apporter en général d'autres modifications. Ce fait constitue un témoignage éloquent de la continuité que lui-même voyait entre sa pensée anglicane et sa pensée catholique.

Au début de 1870, il acheva un ouvrage sur la certitude religieuse auquel il travaillait depuis plusieurs années, qui constituait l'aboutissement de plus de quarante ans de réflexions sur la nature de la foi. Le titre du livre, qu'on abrège habituellement, révèle la modestie des intentions de son auteur : *Un essai pour contribuer à une grammaire de l'assentiment*. En exergue figure une formule de saint Ambroise : *Non in dialectica complacuit Deo salvum facere populum suum* – « Ce n'est pas par la dialectique (l'argumentation, l'activité purement intellectuelle) que Dieu a choisi de sauver son peuple » –, rappel d'un thème cher à Newman, à savoir que, si la foi comporte nécessairement une dimension intellectuelle, elle ne se réduit pas à celle-ci. Comme dans ses *Sermons universitaires* publiés vingt-sept ans plus tôt, il se penche ici sur les *conditions de possibilité* de la foi, proposant pour ainsi dire une « psychologie » et une « phénoménologie » de celle-ci. Il traite aussi des rapports entre ce qu'il appelle l'« assentiment notionnel » et l'« assentiment réel » – en d'autres termes, entre l'*idée* de Dieu et la *rencontre personnelle* avec Dieu, ou entre la « théologie » et la « foi ». Enfin, il examine, bien entendu, les moyens de parvenir à la certitude en matière de foi religieuse.

Le livre parut le 15 mars 1870 et, à l'étonnement de l'auteur lui-même, la première édition fut épuisée en une seule journée. Malgré les réserves exprimées par quelques théologiens jésuites, qui critiquaient l'absence de conformité aux modèles de pensée scolastiques, le livre fut généralement très bien reçu par la critique et consolida encore davantage la réputation intellectuelle de son auteur.

Celui-ci était convaincu que la *Grammaire* serait son dernier livre. Les événements qui se déroulaient à Rome à ce moment même allaient prouver le contraire.

Portrait de Newman en 1879 par William Ouless.

9

Le pape et la conscience

Le concile Vatican I et la question de l'infaillibilité pontificale

En mai 1867, Pie IX surprit le monde catholique en annonçant la convocation d'un concile œcuménique, le premier depuis le concile de Trente au XVIe siècle. En décembre de la même année, Newman reçut de Mgr Dupanloup, évêque d'Orléans, le plus éminent des évêques français, une invitation à participer au Concile au titre de son expert théologique personnel. Cela constituait un signe éloquent de la réputation internationale qu'il était en train d'acquérir. Il reçut d'autres demandes du même genre, venant d'autres évêques et d'un membre de la Curie romaine. Même le pape Pie IX fit savoir qu'il souhaitait sa participation.

Mais il déclina toutes ces propositions : il s'estimait être « trop vieux » ; et surtout il récusait le titre de « théologien ». Ses diverses façons d'exprimer le refus de ce titre étaient, cependant, volontairement ambiguës. Il voulait dire par là, entre autres choses, qu'il n'avait jamais reçu une formation théologique systématique, ce qui était vrai, et qu'il n'était pas « théologien » à la manière des *autres* théologiens, scolastiques, de l'époque, ce qui était vrai aussi. Mais il s'agissait aussi d'un mécanisme d'autodéfense de la part d'un homme qui avait beaucoup souffert de la part des censeurs romains. Enfin, il craignait qu'une participation au Concile l'empêche d'achever la *Grammaire de l'assentiment*, dans laquelle il voyait le point culminant de toute son œuvre.

Cependant, tout en refusant d'y participer, il en suivit les débats avec intérêt et avec inquiétude. Officiellement, le Concile n'avait pas été convoqué pour débattre de la question de l'infaillibilité pontificale. Mais ce fut cette question-là – dans laquelle Newman voyait un « détournement » du Concile – qui domina en fait les débats.

Sa pensée concernant cette question était extrêmement complexe et nuancée. Il croyait personnellement depuis longtemps, à titre d'« opinion » théologique, au principe de l'infaillibilité de l'Église, dont celle du pape constituait à ses yeux une expression particulière. Mais il ne voyait aucune raison de l'imposer comme dogme à l'ensemble des fidèles. Il jugeait aussi qu'une définition solennelle était alors « inopportune », car elle ne pouvait qu'augmenter la tension qui existait déjà entre catholiques et non-catholiques. Dans une lettre adressée à son évêque, qui participait alors au Concile à Rome, il exprima l'opinion qu'il n'y avait aucune nécessité de définir un dogme car il n'existait « aucun danger imminent » auquel l'Église devait parer, alors qu'en revanche une définition allait créer « une grande difficulté ». Il dénonçait en même temps les agissements d'une « faction agressive et insolente » – l'expression visait clairement Manning et ses partisans –, se plaignant que « jamais les fidèles n'avaient été traités de la sorte » et demandant quand « la définition d'une doctrine *de fide* » avait pu être « un luxe de dévotion, et non une rigoureuse et douloureuse nécessité ».

Cette lettre était, aux yeux de son auteur, « l'une des lettres les plus confidentielles » qu'il eût jamais écrites de toute sa vie. Contre sa volonté, elle fut malencontreusement diffusée parmi les évêques anglais et finit par être publiée en Angleterre par la presse anticatholique, dans une version déformée, suscitant un véritable tollé dans ce pays et à Rome.

Les partisans d'une définition l'emportèrent. Le dogme de l'infaillibilité pontificale fut promulgué lors de la dernière session du Concile, en juillet 1870. Pendant les mois qui suivirent Newman fut profondément troublé par les circonstances de cette décision : plus de quatre-vingts évêques avaient quitté le Concile avant le vote, privant la définition de l'« unanimité morale » qui, selon lui, était « nécessaire pour sa validité ». Il s'interrogea aussi sur la « réception » du dogme, estimant que pour qu'une définition puisse être considérée comme valide, il lui fallait être « solidement reçue par le corps tout entier des fidèles ». Et il cita une nouvelle fois la formule de saint Augustin, dont la découverte avait constitué un tournant dans son propre cheminement: *Securus judicat orbis terrarum*.

En même temps, cependant, il fut soulagé par la modération des termes de la définition, qui limitaient strictement l'infaillibilité du pape à des questions « touchant à la foi et à la morale », alors que le parti ultramontain aurait voulu qu'elle s'applique aussi à ses prises de position politiques et à des textes comme le *Syllabus des Erreurs* de 1864. Certains ultramontains continuant à entretenir la confusion à ce sujet, Newman protesta vigoureusement dans sa correspondance privée contre cette interprétation « maximaliste », ses adversaires le taxant en retour de « minimaliste ». Il insistait sur la nécessité de distinguer entre la promulgation du dogme et son interprétation, cette dernière tâche relevant de la responsabilité des théologiens. Et il soulignait le fait que si l'Église ne peut jamais se contredire, sa pensée peut évoluer en précisant et en complétant des définitions antérieures. Ainsi, l'Église primitive semblait avoir « marché vers la pleine vérité par des déclarations successives diverses, et alternativement dans des directions contraires ». Il rappela aussi que « Pie IX n'est pas le dernier des papes ». Enfin, il réitérait sa conviction que l'Église tout entière participait à cette « infaillibilité » qui provenait de la présence de l'Esprit Saint en son sein, établissant une distinction entre ce qu'il appelait l'« infaillibilité active », qui existait « chez le pape et les évêques », et l'« infaillibilité passive », qui résidait dans le corps tout entier des fidèles.

À la longue, le magistère de l'Église et la presque totalité des théologiens contemporains allaient se rallier *grosso modo* à la position de Newman. Mais dans l'immédiat, la controverse continua de faire rage après comme avant le Concile. Malgré l'insistance de nombreux amis, Newman avait refusé de s'exprimer publiquement sur la question. Un événement imprévu en 1874 l'obligea à le faire.

La riposte à Gladstone : la *Lettre au duc de Norfolk*

L'ancien Premier ministre libéral, William Gladstone, anglican fervent qui avait été très marqué par le Mouvement d'Oxford presque quarante ans plus tôt, et qui est l'une des grandes figures de la vie politique anglaise au XIXe siècle, publia en novembre 1874 un pamphlet d'une extrême virulence intitulé *Les Décrets du Vatican et le loyalisme civil des catholiques*. Gladstone avait été ulcéré par l'opposition en février 1873 des évêques et députés catholiques irlandais à son projet de loi visant à réformer le système universitaire en Irlande. L'échec de ce projet de loi avait contribué à lui faire perdre les élections l'année suivante. Avec une passion qui l'empêchait de voir l'absence évidente de logique de ses propres arguments, Gladstone dénonça l'Église catholique, le concile du Vatican et le dogme de l'infaillibilité, affirmant que le Concile avait transformé les catholiques en esclaves politiques du pape, si bien qu'en Angleterre ils devaient désormais obéissance, dans les affaires séculières, à ce dernier et non plus à la reine. Les catholiques ne pouvaient pas être des citoyens loyaux.

Comme lors de l'attaque de Kingsley en 1864, Newman décida de riposter. Montrer l'absence de fondement des arguments de Gladstone était chose facile. Le véritable adversaire de l'auteur, cependant, n'était pas l'ancien Premier ministre, mais le parti ultramontain. Le but principal de son livre était de lui permettre, face aux revendications extravagantes des catholiques extrémistes, de donner sa propre interprétation du Concile, et de préciser la véritable nature de l'autorité ecclésiale et celle de la conscience individuelle. Cette mise au point prit la forme d'une lettre ouverte adressée au premier personnage catholique du Royaume, le jeune duc de Norfolk, ancien élève de l'Oratory School. L'essai fut rédigé en l'espace de deux mois et publié en janvier 1875 sous le titre de *Lettre au duc de Norfolk*.

Au cœur du livre, au chapitre V, se trouve une réflexion sur le phénomène de la conscience et sur les rapports entre celle-ci et l'autorité. La conscience constitue en effet l'un des grands thèmes de la pensée newmanienne, se trouvant d'un bout à l'autre de son œuvre. Le mot comporte chez lui un double sens : il désigne ce qu'on appelle habituellement la « conscience morale », mais aussi la « conscience psychologique » ou le fait d'*être conscient* (en anglais, *consciousness*). Mais ces deux sens du mot sont chez Newman inséparablement liés : pour lui, la « conscience » n'est ni simple conscience du bien et du mal, ni simple conscience de soi, mais la conscience obscure et pourtant bien réelle d'une mystérieuse *présence* – celle de Dieu – au plus profond de nous-mêmes. On a dit à juste titre que, sous sa plume, le mot revêt un sens non seulement moral et psychologique, mais un sens « éthico-religieux ».

Dans la *Grammaire de l'assentiment*, il avait longuement traité de cette conscience de Dieu, dans laquelle il voyait le fondement de la « religion naturelle », que venait compléter la « religion révélée », sa réflexion ici posant les fondements d'un authentique dialogue interreligieux. Dans la *Lettre au duc de Norfolk*, l'accent se trouve mis davantage sur la dimension morale ; mais l'autre dimension est présente aussi, les deux étant toujours, aux yeux de l'auteur, inséparables.

En effet, loin d'être le principe d'une autonomie morale (au sens étymologique du terme : chaque homme étant une « loi pour lui-même »), la conscience, pour Newman, nous met en relation avec Dieu. Cette conception est commune, affirme-t-il, à toutes les confessions chrétiennes, car la conscience est « un témoin intérieur à nous-mêmes de l'existence de Dieu et de sa loi ». Il dénonce la conception purement subjective de la conscience qui se répandait de plus en plus alors chez ses contemporains, pour qui la conscience n'était plus que « l'impératif de leur propre esprit et rien d'autre », voire « un simple respect de soi-même ».

Quant au rapport entre la conscience et l'autorité du pape, les deux sont, selon l'auteur, complémentaires, car elles fonctionnent sur deux plans différents : le rôle du pape est de formuler des *principes généraux* de foi et de morale, alors que la conscience sert à régler des *questions pratiques*. Par ailleurs, la « *raison d'être* du pape » se trouve dans la « défense de la loi morale et de la conscience ».

Newman insiste en même temps, cependant, sur la nécessité pour notre conscience d'être *formée* ; car, la plupart du temps, « le sens du bien et du mal » est « si subtil, si capricieux, si facilement détourné, obscur, perverti » qu'« il devient le plus ardu et le plus obscur des guides ». Ainsi, dit-il, « dans l'intention de Dieu, l'Église, la papauté, la hiérarchie répondent à un besoin profond ». L'homme doit recourir à tous les moyens disponibles pour éduquer la conscience : celle-ci a besoin d'être informée, éclairée et affermie par l'écoute attentive et respectueuse (qui est pourtant bien autre chose que l'obéissance irréfléchie) du Magistère, par l'étude, par la réflexion et par la prière.

Si toutes ces conditions étaient vraiment réunies, les cas de conflit entre la conscience individuelle et l'autorité pontificale seraient, selon l'auteur, extrêmement rares. Mais en cas de conflit c'est la conscience qui, en fin de compte, doit conserver la priorité, car elle est « le Vicaire originel du Christ » (*the aboriginal Vicar of Christ*). Le chapitre consacré au thème de la conscience se termine par cette déclaration retentissante (dont les commentateurs n'ont pas toujours apprécié à sa juste mesure la part d'humour !) :

> « Si, après un dîner, j'étais obligé de porter un toast religieux – ce qui, évidemment, ne se fait pas –, je boirais à la santé du pape, croyez-le bien, mais à la conscience d'abord, et ensuite au pape. »

Le livre fut reçu avec enthousiasme par l'immense majorité des catholiques anglais. Même

Manning fut obligé de reconnaître le bien-fondé de l'argumentation de l'auteur concernant l'infaillibilité pontificale, et il mit en garde Rome contre les conséquences désastreuses en Angleterre de toute éventuelle mesure de censure. Mais l'hommage qui toucha le plus Newman fut celui de l'archevêque Cullen à Dublin, dont il n'avait reçu aucune communication depuis treize ans. Dans une lettre pastorale lue dans toutes les églises de son diocèse, Cullen décrivit Newman comme « le grand, pieux et érudit recteur de l'Université catholique, que l'Irlande révérera toujours ». L'opinion anglicane et protestante, elle aussi, accueillit bien la *Lettre* : on rapporta à Newman qu'un « protestant acharné » aurait dit, au sujet d'une éventuelle censure, que « Rome n'oserait jamais faire un tel affront à l'*Angleterre* » !

Le grand public en était venu, en effet, à le considérer comme une « possession anglaise » dont les gens étaient « fiers ». Les temps avaient bien changé.

Cependant, ces années apportèrent aussi leur lot d'épreuves. En mai 1875, Ambrose St John, qui avait été son premier compagnon oratorien et un ami intime, mourut dans des circonstances douloureuses. Newman était convaincu que St John, qui était dévoué à son service, était mort d'épuisement dans l'exercice de ses fonctions, et se tenait lui-même pour responsable de cette mort. Le chagrin qu'il en ressentit fut extrême[1]. D'autres amis disparurent, et en juillet 1876 il rédigea son testament spirituel dans l'attente prochaine de sa propre mort. Il ne souhaitait pas qu'on écrivît sa biographie, estimant qu'il avait dit l'essentiel sur sa vie jusqu'en 1845 dans l'*Apologia* et qu'il n'y avait « rien ou presque rien à dire » depuis cette date ! Il avait pourtant commencé à classer sa correspondance afin de permettre à ses confrères oratoriens de répondre à d'éventuelles calomnies après sa mort. À son avis, seules les lettres d'un homme présentaient de l'intérêt, « un volume de "Lettres" » constituant « la seule vraie "Vie" ». Il avait déjà exprimé la même opinion vingt ans plus tôt en déclarant que « la vie d'un homme se trouve dans ses lettres ».

Une vision dynamique de l'Église

La *Lettre au duc de Norfolk* devait être son dernier livre entièrement nouveau et son dernier ouvrage de controverse. Mais ce n'était pas pour autant son

1. Une récente polémique, lancée en Angleterre par des agitateurs en faveur des droits des homosexuels et répercutée dans un quotidien français, a voulu attribuer à l'amitié intime entre Newman et St John un caractère homosexuel. Un examen attentif des faits démontre l'absence totale de fondement d'une telle accusation, qui repose par ailleurs sur une ignorance profonde de la sensibilité et des modes d'expression de l'Angleterre victorienne.

dernier écrit. Newman souhaitait depuis longtemps écrire un essai sur les apparentes contradictions internes du catholicisme, qui provenaient du fait que celui-ci était, tout à la fois, « premièrement une dévotion, deuxièmement une philosophie, troisièmement un gouvernement ». L'occasion lui en fut donnée par la rédaction, en 1877, d'une très longue *Préface* pour la réédition de sa *Fonction prophétique de l'Église* de 1837, devenue maintenant dans ses œuvres complètes le tome I de la *Via Media*. Elle constitua sa dernière et sa plus importante contribution à une théologie de l'Église.

Le point de départ de sa réflexion est le concept des « trois offices » du Christ, qui est simultanément « Prophète, Prêtre et Roi ». L'Église, Corps mystique du Christ, a hérité de ces trois offices ou fonctions, qui consistent à « enseigner », à « sanctifier » et à « gouverner ». La première fonction est confiée aux théologiens ; la deuxième aux prêtres ; et la troisième au Magistère et aux évêques. (Curieusement, Newman n'attribue pas à ceux-ci un rôle d'enseignement.) Or, selon Newman, il existe inévitablement une tension entre ces trois fonctions, et l'équilibre entre elles sera toujours instable et difficile à maintenir.

Loin d'être néfaste, cependant, cette tension est une condition nécessaire de la *vitalité* de l'Église. La théologie est le « principe fondamental et régulateur du système ecclésial tout entier ». Mais elle ne peut pas régner en maître : « elle est trop dure, trop intellectuelle, trop précise pour être toujours juste, ou pour toujours faire preuve de compassion ». C'est la tâche du Magistère de veiller à ce que la foi des gens simples ne soit pas déstabilisée par des nouveautés trop radicales ou des changements trop brusques ; sa fonction est donc nécessairement conservatrice. Si, donc, la théologie doit exercer une fonction de régulation à l'égard du gouvernement et du culte, ceux-ci doivent exercer, à leur tour, une fonction de contrôle à l'égard de la première, et l'Église sera toujours et en permanence à la recherche d'un rééquilibrage nécessaire.

Comme dans ses *Sermons universitaires*, Newman se fait ici encore une fois le défenseur de la foi des gens simples, s'insurgeant contre une conception trop intellectualisée de la « foi » et refusant d'identifier celle-ci avec la « théologie ». Il peut même être nécessaire, dit-il, de tolérer une part d'erreur et de superstition dans la religion populaire afin de ne pas déraciner la vraie foi, comme le laisse entendre Jésus dans la parabole du bon grain et de l'ivraie. Il va même jusqu'à se demander, en faisant allusion aux conceptions « éclairées » du protestantisme libéral de son époque, « si une nation dont tous les rangs et toutes les classes sont exempts de toute forme de ce qu'on appelle communément la superstition, peut vraiment avoir la foi ». La mission de l'Église n'est pas de « s'opposer à des impulsions » qui sont à la fois « naturelles et légitimes », mais de les « modérer » et de les « purifier ». Cependant, l'Église trouvera toujours difficile de « faire avancer sa fonction sacerdotale au même pas que sa fonction prophétique ».

La conclusion de la *Préface* est éloquente : « tout ce qui est grand » montre inévitablement un certain manque de cohérence interne. Il est donc normal qu'il existe des conflits et même des contradictions apparentes au sein de l'Église. Dans la conception newmanienne de l'Église, l'unité de celle-ci se trouve fondée sur une tension créatrice permanente entre ses principales parties constitutives.

Plaque commémorative dans le cloître de l'Oratoire de Birmingham, où se trouve la célèbre formule *Ex umbris et imaginibus in veritatem*.

10

John Henry cardinal Newman

La paix et l'honneur retrouvés

Après toutes les agitations du demi-siècle précédent, les dernières années de la vie de Newman furent relativement paisibles. Malgré la raideur de ses doigts et la douleur physique que lui causait l'acte d'écrire, il continuait de correspondre avec une foule d'amis et avec un nombre croissant d'inconnus qui sollicitaient des conseils. Il répondait systématiquement à ces divers correspondants, s'efforçant toujours de prendre en compte la personnalité propre de chacun et les circonstances concrètes de sa vie, évitant les généralisations abusives et les considérations trop « élevées », et manifestant toujours son sens du « réel ».

La lecture de sa correspondance permet d'ailleurs de voir en Newman l'un des grands directeurs spirituels de notre temps. Et, en raison du fait que cette direction spirituelle se faisait le plus souvent par

Portrait de Newman cardinal, 1881,
par Sir John Everett Millais.

écrit, nous possédons un *corpus* extrêmement riche, nous donnant un aperçu des modalités et du contenu de cette direction, dont une étude détaillée reste encore à faire.

Il essayait en particulier de venir en aide à ceux qui étaient en recherche sur le plan religieux, ou qui étaient troublés par la vague montante de l'incroyance. Celle-ci se répandait, selon lui, non « par la raison, mais par l'imagination ». Il entendait par ce dernier terme notre capacité de nous *représenter* concrètement les choses, au lieu d'en rester à des notions abstraites. L'esprit moderne, après avoir « vécu dans la science », donc dans l'abstraction, éprouvait le sentiment d'une « étrangeté totale » en abordant les Écritures. Les arguments étaient alors « de peu d'utilité », la seule défense contre le scepticisme étant l'« expérience personnelle de la puissance de l'Évangile » et l'« aspiration à la sainteté ». Seule la recherche sincère du Christ, par la méditation de l'Écriture et par la prière, permettait d'appréhender (*to realize*) vraiment Sa présence.

Newman continua aussi de republier ses œuvres anglicanes, ajoutant notes et préfaces. En 1877, il aida son ami anglican William Copeland, qui avait entrepris en 1868 la republication des *Sermons paroissiaux*, à préparer un choix de ces sermons en un seul volume. L'année suivante, il remania radicalement la forme de l'*Essai sur le développement* (laissé inachevé en 1845) sans pourtant en modifier substantiellement le contenu. Les deux derniers volumes de l'édition définitive de ses œuvres parurent en 1881. Il s'agissait de sa traduction annotée des *Traités de saint Athanase*, qui l'avait occupé pendant ses années de « désert » à Littlemore en 1842-1844. L'étude de la pensée d'Athanase avait été sa première « passion » et se trouvait maintenant être la dernière. La boucle était bouclée.

Il reçut aussi un nombre croissant de visites à l'Oratoire. Les visiteurs étaient frappés par la gravité, mais aussi par la simplicité et l'extrême douceur de l'homme. Un de ces visiteurs le décrivit comme ayant « un air de mélancolie, comme lorsqu'on a connu des luttes terribles, mais pourtant de sérénité, comme lorsqu'on a trouvé la paix ». Un autre fut frappé et ému par sa « grande et parfaite humilité ». Le secret se trouvait incontestablement au plus profond de lui-même. Il avoua à un correspondant : « Pour moi, la preuve que Dieu est bon, c'est ce qu'Il fait pour moi. Cette preuve […] tout homme peut l'avoir. […] Rien ne peut l'enlever, et elle croît à mesure qu'on la cultive. »

En décembre 1877, il fut invité par le président de Trinity College à Oxford, où il avait fait ses études, à devenir le premier *fellow* honoraire du collège. Il fut ému et enchanté, Trinity ayant toujours conservé dans son cœur une place de choix. Dans une lettre à son évêque, il déclara avoir reçu « un très grand compliment, peut-être le plus grand » qu'on lui eût jamais fait. Ce fut une nouvelle manifestation de l'extraordinaire « changement d'opinion » à son égard, qui avait commencé avec la publication de l'*Apologia*. Lorsqu'il se rendit ensuite à Trinity, c'était la première fois qu'il revenait à Oxford depuis plus de trente ans. Pour ne pas être en reste, Oriel College chargea alors le célèbre peintre Walter William Ouless de faire son portrait. De plus en plus, au cours de ces années, on demanda à le photographier ou à faire son portrait. Il accepta un certain nombre de fois, en général malgré lui. Certains de ces portraits représentent une idée préconçue plus que la réalité : ils mettent en évidence la sensibilité et la souffrance de l'homme, mais non la détermination du caractère et l'humour ironique qui s'expriment dans toute sa correspondance.

Le cardinalat

Après un règne de plus de trente ans, Pie IX mourut en février 1878. Le nouveau pape, Léon XIII, déclara vouloir travailler à la réconciliation entre l'Église et le monde moderne. Le bruit courait depuis le début de son pontificat qu'il avait l'intention d'honorer Newman. Le duc de Norfolk et plusieurs autres membres de l'aristocratie catholique anglaise avaient en effet adressé une supplique au nouveau pape, lui demandant d'élever ce dernier au rang de cardinal. Il s'agissait pour eux non seulement d'honorer l'homme mais de faire reconnaître l'entière orthodoxie de la pensée exprimée dans ses écrits.

Il semble que cette démarche ait correspondu à un désir personnel du pape. Lorsqu'il était nonce apostolique à Bruxelles quarante ans auparavant, le futur Léon XIII avait suivi avec intérêt et sympathie le Mouvement d'Oxford, et il avait rencontré en 1845 le père Dominique Barberi alors que ce dernier venait de recevoir Newman dans l'Église catholique. À la suite de son élection, il aurait confié que la politique générale de son pontificat se verrait lors de sa première création d'un cardinal. Quelques années plus tard, il déclara à un visiteur anglais : « Mon Cardinal ! Ce n'était pas facile, ce n'était pas facile. On disait qu'il était trop libéral, mais j'avais résolu d'honorer l'Église en honorant Newman. Je lui ai toujours voué un culte. Je suis fier d'avoir pu honorer un tel homme. »

En janvier 1879, donc, Manning fut sollicité par Rome pour savoir si Newman accepterait un tel honneur. Après quelque hésitation de la part de l'intéressé, et une certaine confusion (dont Manning était le principal responsable) parmi les évêques anglais – car un cardinal qui n'était pas en même temps évêque diocésain devait normalement résider à Rome, tandis que Newman tenait par-dessus tout à rester dans son « nid » oratorien à Birmingham –, celui-ci finit par accepter, ayant reçu l'assurance de pouvoir rester à l'Oratoire. C'était la première fois depuis le XVIIe siècle, semble-t-il, qu'une telle exemption était accordée.

Son acceptation s'explique beaucoup moins par l'honneur personnel qui lui était fait, que par le soutien ainsi accordé à sa réputation et à l'influence de sa pensée parmi les catholiques et les non-catholiques d'Angleterre. Depuis vingt ou trente ans, des « catholiques ignorants ou exaltés » l'avaient déclaré « hérétique », alors que beaucoup de protestants disaient avec condescendance qu'il n'était « qu'à moitié catholique ». Son élévation au cardinalat « mettrait fin à toutes les accusations » de ne pas dispenser un enseignement « catholique » et de ne pas écrire des livres « dignes de confiance ».

Après avoir reçu de nombreuses lettres de félicitations lui exprimant « joie » et « affection », il partit le 16 avril pour Rome, où Léon XIII le reçut en audience « avec beaucoup d'affection ». Lors d'une cérémonie officielle, il évoqua dans un discours les « épreuves multiples » dont il avait souffert et souligna le fait que l'action du pape était destinée non seulement à « faire plaisir aux catholiques anglais » mais « encore à l'Angleterre protestante ». Il continua en attaquant longuement les principes du « libéralisme » philosophique et théologique qu'il avait combattu « pendant trente, quarante, cinquante ans ». Ce « libéralisme » n'avait rien à voir avec son propre catholicisme, que certains estimaient pourtant trop « libéral »: il jugeait essentiel de ne pas confondre les deux sens du terme. L'objet de son attaque était le principe du scepticisme et du rationalisme, qui voulait soumettre au « jugement humain » des questions qui échappaient à son emprise, et qui réduisait la religion à une simple affaire d'« opinion » subjective. Sa position était la même maintenant qu'au temps du Mouvement d'Oxford:

> « Le libéralisme, en matière de religion, est la doctrine selon laquelle il n'existe aucune vérité religieuse positive, une croyance en valant bien une autre, et c'est cet enseignement-là qui gagne chaque jour du terrain. [...] Il enseigne que toutes les religions doivent être tolérées, car toutes ne sont qu'une affaire d'opinion. La religion révélée n'est pas une vérité, mais un sentiment et un goût personnels. »

Le sens du terme, chez Newman, est proche en effet de celui du « relativisme » dénoncé inlassablement par le pape Benoît XVI.

Le jour qui suivit ce discours Newman reçut des mains du pape sa barrette de cardinal, et deux jours plus tard son chapeau. Lui-même nota que l'« attention merveilleuse » dont il était l'objet de la part du pape « étonna tous ceux qui étaient présents ». Devenu à la fois *fellow* honoraire d'un collège d'Oxford et cardinal de l'Église de Rome, il voyait là une réunion étonnante des deux moitiés de sa vie. Il choisit pour devise cardinalice une formule de saint François de Sales, l'un de ses auteurs spirituels préférés, dont le portrait ornait sa chapelle privée : *Cor ad cor loquitur*, « C'est le cœur qui parle au cœur ».

De retour en Angleterre, il continua de recevoir des félicitations de toutes parts. Ce qui le toucha le plus était une anecdote qu'on lui rapporta à propos d'un simple ouvrier, inconnu de lui, qui vit un de ses amis sortir d'une église à Londres et qui lui demanda : « Êtes-vous catholique ? Est-ce que c'est ici l'église du cardinal Newman ? Le connaissez-vous ? Dites-lui que les travailleurs d'Angleterre se réjouissent de savoir que le pape l'a fait cardinal. » La même année, il reçut une lettre d'un pasteur anglican qui lui déclarait :

> « Je me demande si vous savez combien vous êtes aimé par l'Angleterre. Je me demande si un homme, du moins de notre temps, a jamais été aussi aimé par l'Angleterre – par toute l'Angleterre qui a une croyance religieuse. Même les ennemis de la foi sont adoucis par vous ; et je me demande si cet amour extraordinaire et sans parallèle ne pourrait pas être – n'était pas destiné à être

> – utilisé comme un moyen pour attirer vers le même bercail tous les Anglais croyants. »

Une spiritualité de l'abandon entre les mains de Dieu

De plus en plus, la vie spirituelle de Newman reposait sur une confiance absolue en Dieu, et sur une disposition d'« abandon » (*surrender*) entre ses mains. Une lettre de 1867, à une correspondante qui l'incitait à se défendre contre les calomnies dont il était alors l'objet à Rome, exprime bien cette attitude, en ajoutant une insistance typique de l'auteur sur l'importance du *temps* :

> « Quant à me défendre, soyez absolument certaine que je ne le ferai jamais, à moins que ce ne soit un simple devoir. [...] Je considère que le temps est le grand remède et le réparateur de tous les maux, en ce qui concerne ce monde. À la seule condition que nous soyons patients, Dieu œuvre pour nous. Il œuvre pour ceux qui n'œuvrent pas pour eux-mêmes. »

Deux ans plus tard, en juin 1869, il avait noté dans son journal intime cette réflexion empreinte d'une ironie douce-amère :

> « La Providence de Dieu a été merveilleuse envers moi tout au long de mon existence. Ce matin, j'ai été frappé, comme d'une antithèse, par une chose dont les détails avaient souvent occupé ma pensée, sans que j'aie observé les contrastes qu'ils présentent. C'est que mes épreuves me sont venues de ceux que j'avais aidés, et mes succès de ceux à qui j'étais opposé. »

Dans une de ses *Méditations et prières*, il exprime la conviction que Dieu lui a confié – comme il confie aussi, ajoutera-t-il ailleurs, à tout homme – une « mission » particulière :

> « Dieu m'a créé pour un service précis ; Il m'a confié un travail qu'Il n'a confié à personne d'autre. J'ai une mission à remplir dont je ne découvrirai peut-être jamais le sens en ce monde, mais dont je serai instruit dans l'autre. [...]
> Je mettrai donc ma confiance en Lui. Qui que je sois, où que je sois, je remplirai mon rôle. [...] Qu'Il m'enlève mes amis, qu'Il me fasse vivre parmi des étrangers, qu'Il me fasse goûter l'amertume et la désolation, qu'Il me voile l'avenir, Il sait toujours ce qu'Il fait. »

Quelques années avant sa mort, il écrivit au sujet de Dieu : « C'est un véritable ami, et plus on arrive à Lui faire confiance, plus on reçoit de Lui. » Et dans une belle prière, il s'adressait à Lui en ces termes :

> « Daigne accomplir en moi et à travers moi Tes desseins, quels qu'ils soient. Je suis né pour Te servir, T'appartenir, être Ton instrument. Permets-moi d'être un instrument aveugle. Je ne demande pas à voir, je ne demande pas à connaître, mais seulement à être utilisé. »

Ces mêmes sentiments avaient déjà été exprimés un demi-siècle plus tôt, en 1833, dans la plus célèbre de toutes ses prières, écrite sur le chemin du retour en Angleterre après avoir échappé de justesse à la mort en Sicile :

> « Guide-moi, douce Lumière, dans l'obscurité qui m'entoure,
> Guide-moi de l'avant !
> La nuit est profonde et je suis loin de ma demeure ;
> Guide-moi de l'avant.
> Veille sur mes pas ; je ne demande pas à voir l'horizon lointain ; un seul pas à la fois me suffit. »

Cette spiritualité toucha manifestement le cœur du public anglais. *Guide-moi, douce Lumière* est devenue l'une des hymnes les plus connues et les plus chantées aujourd'hui dans toutes les confessions chrétiennes du monde anglophone.

Enfin, dans les dernières années de sa vie Newman reçut un grand nombre d'hommages et de remerciements venant d'anglicans et de protestants aussi bien que de catholiques, plusieurs protestants lui écrivant même pour lui demander sa bénédiction. L'une des dernières de ces lettres venait d'un pasteur, dont la conception de l'Église était, de l'aveu même de l'auteur, très éloignée de la sienne, mais qui déclara avoir enfin compris l'Évangile à la lecture de ses *Sermons paroissiaux*, et qui formula ce vœu : « Que Dieu vous bénisse, cardinal Newman. [...] Vous nous avez enseigné cette précieuse et profonde doctrine : la part la meilleure de la vie reste cachée. »

Dernières années

Au cours des années 1880, l'Oratoire de Birmingham était enfin florissant. L'Oratory School constituait un terrain de recrutement fertile, et un nombre considérable de jeunes hommes se présentaient au noviciat. La santé de Newman était en général bonne. Il sentait ses forces physiques diminuer peu à peu et il se fatiguait rapidement ; mais son esprit restait vif et actif, et sa mémoire était encore bonne.

La montée de l'incroyance continuait à le préoccuper, mais sans angoisse. La Bible et l'histoire montraient toutes deux que « les champions de la vérité » devaient simplement tenir bon et faire confiance à Dieu. Non seulement l'Église s'était rétablie après le choc de la Réforme protestante au XVIe siècle, mais « la pléthore de saints entre 1500 et 1600 » constituait « l'un des grands arguments en faveur du christianisme ». Cependant, il fallait faire face aux développements intellectuels de l'époque, tels par exemple les progrès de l'exégèse biblique, qui conduisaient parfois à mettre en cause l'historicité de certains récits bibliques. Il proposait une conception de l'inspiration qui prenait en compte ces développements : selon lui, l'Église enseignait que c'était les auteurs bibliques qui étaient « inspirés », et non leurs livres, ceux-ci devant toujours être interprétés. Pour préciser sa pensée sur cette question, il publia en 1884 un article intitulé « De l'inspiration de l'Écriture ». Les idées qu'il y exposait, largement partagées par les exégètes aujourd'hui, étaient très en avance sur la pensée catholique de l'époque.

Il sentait cependant de plus en plus le poids des années. Il se plaignait de n'avoir jamais pu penser sans avoir une plume à la main ; et, maintenant, « la faiblesse et la raideur » de ses doigts « réagissaient » sur son « cerveau ». Il ne pouvait plus s'occuper de sa correspondance comme autrefois et était surtout désolé de ne pas avoir le temps de répondre à des lettres qui « suscitaient, par leur importance, un réel intérêt ».

En 1885, Anne Mozley, dont le frère Thomas avait épousé l'une des sœurs de Newman, publia la correspondance d'un autre de ses frères, James. Impressionné par cette édition, Newman accepta après beaucoup d'hésitations qu'elle écrive le récit de sa vie anglicane sur la base de lettres et de documents qu'il lui fournirait. Il estimait que « si l'on devait écrire un mémoire » sur sa vie, il revenait à un « écrivain protestant » de traiter de la « partie protestante » de celle-ci. Le livre fut publié, en deux volumes, un an après sa mort.

En mai de la même année, il rédigea son dernier article, publié pour répondre à un théologien protestant qui l'accusait de faire preuve de scepticisme philosophique en plaçant la conscience et l'imagination au-dessus de la « raison ». Newman répondit qu'il n'avait jamais mis en cause la raison elle-même, mais seulement une certaine conception trop étroite de celle-ci et les présupposés à partir desquels certains raisonnaient. C'est notre incapacité de reconnaître ces présupposés pour ce qu'ils sont réellement qui constitue, à ses yeux, la cause de la plupart des désaccords et disputes en matière de religion. Son dernier mot sur la question fut écrit en

Portrait de saint François de Sales qui se trouve
au-dessus de l'autel
dans la chapelle privée de Newman.

mars 1886, à l'adresse d'un ami : à l'âge de quatre-vingt-cinq ans il était encore capable de s'engager dans une controverse.

Secrètement, à l'insu de ses confrères de l'Oratoire, il continuait de soutenir financièrement et moralement un nombre important de personnes parmi les immigrés irlandais et les familles ouvrières du faubourg d'Edgbaston : ce n'est qu'après sa mort que – comme ce fut le cas aussi pour son saint patron Philippe Neri – ses confrères découvrirent toute l'étendue de cette activité. En août 1887, son évêque, Mgr Ullathorne, qui le connaissait depuis presque quarante ans et qui venait d'annoncer sa retraite, vint lui rendre visite. Newman lui demanda une « grande faveur » puis, se mettant à genoux devant lui, lui demanda sa bénédiction. Alors qu'il accompagnait son visiteur à la porte, Newman lui dit : « J'ai passé ma vie enfermé chez moi, alors que vous, vous avez livré bataille pour l'Église dans le monde. » Racontant plus tard la scène, Ullathorne, bouleversé, déclara qu'il s'était senti « anéanti en sa présence » et s'exclama : « Il y a dans cet homme un saint ! » Newman aurait refusé vigoureusement un tel qualificatif : à une admiratrice un peu trop enthousiaste à son gré, quarante ans auparavant, il avait protesté avec son humour caractéristique que « les saints ne sont pas des intellectuels », qu'ils « n'écrivent pas de romans » et qu'il lui suffisait de « cirer les souliers des saints – si tant est que saint Philippe emploie du cirage au ciel ! ».

En juin 1888, il se rendit à Londres une dernière fois pour préparer son testament. Le jour de Noël de l'année suivante, il célébra son ultime messe ; et le 11 août 1890, il mourut d'une pneumonie. On l'enterra, selon sa volonté, dans le même tombeau que son ami Ambrose St John, dans le petit cimetière de la maison de campagne de l'Oratoire à Rednal, près de Birmingham ; et l'on grava sur le mémorial placé dans le cloître de l'église de l'Oratoire (et non pas, comme on l'a trop souvent dit, sur sa pierre tombale au cimetière), cette épitaphe choisie par lui : *Ex umbris et imaginibus in veritatem*, « Hors des ombres et des images, dans la Vérité[1] ».

Un dernier détail, découvert tout récemment, mérite d'être signalé. À la demande de Newman, on ne recouvrit pas son cercueil avec la terre enlevée pour creuser la tombe, mais avec une forme d'humus destiné à accélérer la décomposition, conformément à la formule biblique : « Homme, tu es poussière, et tu retourneras à la poussière[2]. » Cet ultime geste d'humilité est sans aucun doute à rapprocher de l'exhortation finale du sermon sur « La Mission de saint Philippe Neri », prêché quarante ans auparavant, en 1850, où le fondateur de l'Oratoire anglais s'adresse à ses confrères en ces termes :

1. Ou « *vers* la Vérité » : il s'agit d'un accusatif en latin.
2. Gn 3,19.

> « Que le monde ne puisse jamais vous connaître suffisamment pour faire votre éloge ou vous critiquer, que vous puissiez faire beaucoup de rude travail pendant votre vie, et accomplir beaucoup de tâches utiles, et réaliser bon nombre d'objectifs religieux, et envoyer beaucoup d'âmes au ciel, et surprendre les hommes par la quantité de travail que vous accomplissez, lorsque par hasard ils s'approcheront suffisamment de vous pour s'en apercevoir ; mais que vous soyez ignorés du monde, que vous soyez inconnus en dehors de votre lieu de vie immédiat, que vous travailliez pour Dieu seul avec un cœur pur et un regard simple, sans être distraits par les éloges des hommes, et que vous fassiez de Lui votre unique espérance, et de Son ciel éternel votre seul but, et que vous trouviez votre récompense non pas en partie ici-bas, mais totalement et entièrement dans le monde à venir. »

Une telle humilité n'est-elle pas un signe éclatant de la plus authentique sainteté ?

Pierre tombale de Newman
au cimetière de Rednal.

11

Newman aujourd'hui

Le pape Paul VI affirma en 1964, au moment du concile Vatican II dont il voyait en Newman le « génial précurseur », que « la lucidité de ses intuitions et de ses enseignements [...] projettent sur l'Église d'aujourd'hui une précieuse lumière[1] ». Mais plus de quarante-cinq ans se sont écoulés depuis ce jugement. Qu'en est-il de l'actualité de Newman aujourd'hui ?

Il est indéniable qu'une partie de sa pensée, sur l'Église notamment, a été intégrée à la pensée officielle de celle-ci par les pères du Concile. Newman a préparé la voie aux conclusions du Concile concernant le rôle des laïcs, l'« appel universel à la sainteté », la primauté de la conscience, le sens et l'importance de la Tradition, et bien d'autres thèmes encore.

1. Cité dans *La Documentation catholique*, n° 1565 (21 juin 1964), p. 563.

Cependant, il peut toujours nous aider à voir plus clair dans ces différentes questions et dans beaucoup d'autres, grâce à la pénétration de ses analyses et au caractère extrêmement *nuancé* de sa pensée.

Ainsi, il nous permet d'aller encore plus loin que ne l'a fait le Concile dans notre réflexion sur la nature véritable de la conscience, sur le sens de la Tradition, sur le phénomène du « développement », et sur la conception d'une Église fondée sur une tension créatrice permanente entre divers « pôles ».

Il nous invite aussi à nous interroger sur notre conception de la « foi », sur les fondements de cette foi, sur les rapports entre « foi » et « raison », et sur la distinction entre un assentiment « notionnel » et un assentiment « réel ».

Il nous demande d'examiner la cohérence entre notre foi et notre vie, et de nous interroger sur le rapport qui existe entre nos *idées sur* Dieu et la *relation* que nous souhaitons (ou que nous ne souhaitons pas) vivre avec Lui – en d'autres termes, entre théologie et vie spirituelle. Il peut nous aider à cet égard à mieux comprendre la signification pour notre vie spirituelle de certains dogmes fondamentaux du christianisme, tels que la Trinité, l'Incarnation, et le salut en Jésus Christ.

Il nous incite à examiner les *présupposés* qui soustendent toutes nos idées, en matière de religion notamment, et à rechercher la plus grande lucidité possible sur nous-mêmes.

Newman peut encore nous aider par une qualité essentielle de son esprit. Sa pensée se caractérise par la présence de forces apparemment opposées mais en réalité complémentaires. C'est ainsi qu'on a pu le qualifier à la fois de conservateur et de libéral, de traditionaliste et de progressiste, de dogmatique et cependant de pragmatique. La recherche des *rapports* entre des phénomènes divers – le souci de parvenir à une « vue connectée » de toutes choses – est chez lui une préoccupation constante. Dans une culture intellectuelle qui tend spontanément à penser en termes d'*oppositions*, cette caractéristique de son esprit peut nous apporter un correctif utile.

Enfin, Newman n'est pas seulement un grand penseur chrétien ou un théologien, il est aussi un guide *spirituel*. C'est un aspect de son activité qui n'a pas toujours été suffisamment étudié et mis en valeur.

Peut-on trouver un élément unificateur au sein de cette complexité ? La réponse est certainement oui. L'intelligence puissante de Newman était sous-tendue par la simplicité d'une âme chrétienne pour qui la fascination exercée par ce monde était le reflet d'un autre monde, un monde invisible et encore plus merveilleux. L'événement marquant de sa vie reste d'abord et avant tout sa découverte à l'âge de quinze ans de Dieu, non pas simplement comme une idée ou comme l'objet d'une réflexion, mais comme le *sujet* d'une rencontre et d'une expérience personnelles. Toute sa réflexion théologique n'a finalement qu'un seul but : inviter lecteurs et auditeurs à faire cette même rencontre, en se donnant les *moyens* de le faire. La théologie est chez lui au service de la vie spirituelle.

C'est la richesse de cette expérience spirituelle, en effet, alliée à son intelligence pénétrante, à la finesse et à la profondeur de sa compréhension de la psychologie humaine, à sa vaste culture biblique et théologique, et à son sens du « réel », qui font de Newman un guide spirituel précieux et sûr. Il nous aide à mieux nous comprendre nous-mêmes, à mieux reconnaître Dieu comme une « Présence » intérieure, à mieux saisir la nécessité de nous laisser « habiter » par l'Esprit du Christ, et aussi la nécessité, en vue de cela, d'un « entraînement » spirituel permanent. De même qu'il relie théologie et vie spirituelle, il dépasse aussi un simple moralisme pour relier l'un à l'autre effort *éthique* et recherche spirituelle. Il nous propose un *réalisme* spirituel parfois décapant, mais salutaire. Il nous rappelle que le chemin de Dieu passe par notre *humanité*. Il souligne l'importance pour le chrétien de la vie sacramentelle, de la prière, et de l'attitude spirituelle qu'il désigne par le mot « veiller » : le chrétien, nous dit-il, doit « non seulement croire, mais veiller ; non seulement aimer, mais veiller ; non seulement obéir, mais veiller ; veiller pourquoi ? Pour ce grand événement, la venue du Christ ».

À la fois « actif » et « contemplatif », ou plutôt actif *parce que* contemplatif, Newman insiste sur le fait que la véritable contemplation du Christ « se fait *dans* les affaires terrestres », que c'est « en obéissant à sa propre vocation » que le chrétien « rencontrera le Christ » et qu'il verra celui-ci « se révéler à son âme parmi les actions ordinaires de chaque jour, comme par une sorte de sacrement ». Le chrétien est appelé à se laisser « habiter » par l'Esprit du Ressuscité et à laisser « rayonner » en lui et à travers lui la Lumière du Christ. Mais l'unique chemin qui y conduit est celui d'un « abandon » entre les mains du Père :

> « Seigneur, en Te demandant la ferveur,
> je Te demande Toi-même.
> Je ne demande rien d'autre que Toi,
> ô mon Dieu qui T'es donné entièrement à nous.
> Entre dans mon cœur et remplis-le de ferveur
> en le remplissant de Toi. […]
> Tu es la flamme vivante
> Qui brûle d'amour pour les hommes.
> Entre en moi et, pour que je sois semblable à Toi,
> Enflamme-moi de Ton feu. »

Indications bibliographiques

Œuvres de Newman

L'édition complète des œuvres de Newman ne comporte pas moins de quarante-six volumes. La plupart peuvent être classés dans les catégories suivantes :

- sermons (douze volumes)
- ouvrages historiques (patristiques) et théologiques
- conférences et essais sur l'éducation
- *Tracts pour le temps présent* (Newman est l'auteur du tiers environ des quatre-vingt-dix *Tracts*)
- romans et œuvres poétiques
- autobiographie et mémoires autobiographiques
- méditations et prières.

Sa correspondance a été publiée dans une édition critique magistrale en 32 volumes : *Letters and Diaries of John Henry Newman*, Londres, Nelson, et Oxford, Clarendon Press & Oxford University Press, 1961-2008.

Les principales sources utilisées pour cette *Petite vie* sont l'autobiographie intellectuelle de Newman, *Apologia pro vita sua*, ses journaux intimes et mémoires autobiographiques, et sa vaste correspondance. Mais l'ensemble de son œuvre a été exploité car la plupart de ses écrits sont des « œuvres de circonstances » liées aux principaux événements de sa vie.

Principaux ouvrages traduits en français

Aux éditions Desclée de Brouwer dans la collection « Textes newmaniens » (aujourd'hui épuisée), réédition aux éditions Ad Solem dans la collection « Écrits newmaniens » :

- *Sermons universitaires*
- *Écrits autobiographiques*
- *Esquisses patristiques*
- *Essai sur le développement de la doctrine chrétienne*
- *L'Idée d'université* [première partie]
- *Lettre au duc de Norfolk*
- *Grammaire de l'assentiment.*

Chez d'autres éditeurs : livres de Newman et anthologies de textes :

- *L'Antichrist*, Ad Solem, 1995 [quatre sermons].
- *Apologia pro vita sua* (traduction revue et corrigée), Ad Solem, 2003.
- *Les Ariens du IVe siècle*, Téqui, 1988.
- *Callista, récit du IIIe siècle*, Téqui, 1990.

– *Choix de lettres*, Téqui, 1990.
– *Douze sermons sur le Christ*, Seuil, coll. « Livre de Vie », 1995.
– *John Henry Newman*. Textes choisis et présentés par Keith Beaumont, Artège, coll. « Spiritualité en poche », 2010.
– *John Henry Newman*. Textes recueillis par Keith Beaumont, Médiaspaul, coll. « Une pensée par jour », 2010.
– *L'Idée d'université* [deuxième partie], Septentrion, 1997.
– *Lettre à Pusey*, Ad Solem, 2002.
– *Livret de prières*. Anthologie bilingue, Ad Solem, 2008.
– *Méditations sur la doctrine chrétienne*, Ad Solem, 2000, 2007.
– *Pour connaître Newman*. Anthologie de textes réunis par C. S. Dessain, Ad Solem, 2010.
– *Saint Philippe Neri*. Textes réunis et présentés par Keith Beaumont, Ad Solem, 2010.
– *Sermons paroissiaux*, huit volumes, Cerf, 1993-2007.

Quelques ouvrages en français sur Newman permettant une première approche

– *À la découverte de John Henry Newman*, Association française des amis de Newman, 1997.
– Keith BEAUMONT, *Prier 15 jours avec le cardinal Newman*, Nouvelle Cité, 2005

– Keith BEAUMONT, *Le Bienheureux John Henry Newman, un théologien et un guide spirituel pour notre temps*, Éditions du Signe, 2010. (Biographie officielle pour la béatification.)
– Christopher DAWSON, *Newman et la modernité. L'épopée du Mouvement d'Oxford*, Ad Solem, 2001.
– Charles Stephen DESSAIN, *Présence de Newman. Thèmes spirituels*, Cerf, 1993.
– Jean HONORÉ, *Newman : sa vie et sa pensée*, Desclée, coll. « Bibliothèque d'histoire du christianisme » n° 17, 1988.
– Jean HONORÉ, *John Henry Newman. Un homme de Dieu*, Cerf, 2003.
– Jean HONORÉ, *Les Aphorismes de Newman*, Cerf, 2007.
– Jean HONORÉ, *La Pensée de John Henry Newman. Une introduction*, Ad Solem, 2010.
– Jean HONORÉ, *John Henry Newman*, Cerf, coll. « Initiation aux théologiens », 2010.

L'Association française des Amis de Newman publie une revue annuelle, *Études newmaniennes*, et tient un colloque biennal. Site Internet : www.jhnewman-france.org

Table

Composition et mise en pages réalisées par
Compo 66 - Perpignan
298/2010

Dépôt légal : janvier 2011

Achevé d'imprimer en France en décembre 2025
par Dupliprint à Domont (95)
N° d'impression : 2025125401 - N° d'édition : 1586651